Ein Baum für Tomti

Für Niki Wirbelwind

Nina Blazon

Ein Baum für Tomti

Mit Bildern von Karin Lindermann

Inhaltsverzeichnis

Die plappernde Palme
Kapitel 1: Bei den Lindemanns spukt es! 7
Kapitel 2: Eine unruhige Nacht 12
Kapitel 3: Tomti mit der Moosmütze 18

Die puzzelige Platane
Kapitel 4: Konrad wird verwuschelt 24
Kapitel 5: An der großen Straße 29
Kapitel 6: Fini hat eine Idee 34

Die heitere Hasel
Kapitel 7: Besser gemeinsam als einsam 37
Kapital 8: Hatschi! 39
Kapital 9: Hörnchen und Trolle 43

Die blitzblanke Birke
Kapitel 10: Die Suche geht weiter 48
Kapitel 11: Tomti, das Harzferkelchen 52
Kapitel 12: Jeder braucht Freunde! 58

Der gruselige Ginkgo
Kapitel 13: Die Krähen haben gut lachen 63
Kapitel 14: Fini mag Mäusemagie 68

Die pfeifende Pappel
Kapitel 15: Tomtis erster Schultag 71
Kapitel 16: Konrad fährt Achterbahn 73
Kapitel 17: Auf ins Grüne! 77

Die lustige Linde
Kapitel 18: Willkommen im Dorf! 80
Kapitel 19: Blut schmeckt gut! 82
Kapitel 20: Honigsüße Lindengrüße 86

Die unkende Ulme
Kapitel 21: Heulende Eulen 89

Der heilsame Holunder
Kapitel 22: Majas Märchenstunde 95
Kapitel 23: Besuch um Mitternacht 97
Kapitel 24: Hollas Geschenk 100

Die arbeitsamen Apfelbäume
Kapitel 25: Tomti soll rechnen 102
Kapitel 26: Ein richtig schöner Sommer 106

Die knurrige Kastanie
Kapitel 27: Konrads großer Tag 108

Die tolle Tanne
Kapitel 28: Es rumst gewaltig! 119

Die zarte Zaubernuss
Kapitel 29: Zwei neue Zimmer 124
Kapitel 30: Ein Baum für Tomti 128

Anhang: Majas kleine Baumschule 132

Die plappernde Palme

Kapitel 1: **Bei den Lindemanns spukt es!**

Schon seit Tagen gingen im Hause Lindemann äußerst seltsame Dinge vor sich. Morgens standen in der Küche die Schubladen offen. Cornflakes und Kekskrümel lagen auf dem Boden. Und jetzt riss ein Rumpeln Maja und ihre kleine Schwester Fini mitten in der Nacht aus dem Schlaf.
„*Tschilp! Tschilp!*", schallte es fröhlich durch die Wohnung.
„Das sind Nelly und Nelson", murmelte Fini noch halb im Traum.
Helligkeit fiel durch den Türspalt des Kinderzimmers, als im Flur das Licht anging.
„Das gibt es doch nicht", hörte Maja ihre Mutter sagen. „Die Wellensittiche fliegen frei herum!"

Maja und Fini blinzelten sich verschlafen an. Dann schlüpften sie aus ihren Betten, die rechts und links vom Fenster standen. Fini nahm Mopsi mit; der Stoffhund beschützte sie, wenn sie Angst hatte. Und Fini hatte ziemlich oft Angst – auch jetzt ließ sie ihre große Schwester lieber vorausflitzen. Ihre Eltern standen an der Küchentür, während Nelly und Nelson neugierig aus dem Wohnzimmer herbeiflatterten.

„Was um alles in der Welt ist denn hier passiert?", rief Papa.

Die Küche war ein einziges Chaos. Es sah aus, als hätte jemand

am Tischtuch gezogen. Und dabei hatte er die Schale mit den Nüssen und Äpfeln mitgerissen. Das musste das Gepolter von eben gewesen sein. Aber auf dem Boden lagen nicht nur Walnüsse und Äpfel, sondern wild verstreut auch noch Rosinen, Mehl und Kakaopulver.

„Ich glaube, bei uns treiben Mäuse ihr Unwesen", sagte Papa.
„Wirklich?", rief Fini. Ihre Augen leuchteten hoffnungsvoll auf. Fini liebte kleine Tiere über alles, die machten ihr keine Angst. Und Mäuse fand sie besonders süß.

Mama schüttelte den Kopf. „So winzige Tierchen können doch keine Obstschalen vom Tisch werfen! Und außerdem leben wir im siebten Stock in einem Hochhaus. Da gibt es keine Mäuse."

„Möglicherweise ja doch", entgegnete Papa. „Mäuse mit kastanienbraunen Locken und einer Zahnlücke vielleicht?" Er wuschelte Fini liebevoll durch das Haar. „Oder Mäuse mit langen honigblonden Haaren und einer Stupsnase?" Er tippte mit dem Zeigfinger an Majas Nasenspitze.

„Hä?", fragte Maja verwirrt – doch dann verstand sie und rief: „Du verdächtigst *uns?*"

„Nun ja", Mama verschränkte die Arme, „gewöhnliche Mäuse können keinen Vogelkäfig öffnen. Und außer euch wohnt hier niemand, der nachts Streiche aushecken könnte."

„Wir hecken aber nichts aus!", empörte sich Maja.

„Ja, das war jemand anders!", ereiferte sich auch Fini. „Jemand, der auch meine Puppentasse gemopst hat! Die suche ich schon seit Tagen."

„Das ist bei deiner Unordnung kein Wunder, Fini", bemerkte Mama.

„Meine Himbeerbonbons sind aber auch verschwunden!", rief Maja.

„*Tschilp-di-tschilp!*", schallte es durch die Küche. Nelson landete auf Papas Schulter und begann, ihm eine fremdartige, fröhliche Melodie ins Ohr zu trällern.

„Hört ihr das?", fragte Maja. „Hier stimmt doch was nicht! Die Wellis singen seit ein paar Tagen ganz anders als sonst. Als würde

ihnen irgendjemand
heimlich Lieder
beibringen ...“
„Das haben die Vögel
bestimmt im Radio
aufgeschnappt“, erklärte Papa.
„Sittiche machen gern Geräusche nach,
sie imitieren sogar Handyklingeltöne.“
„Ich finde eure Streiche jedenfalls nicht
besonders lustig“, sagte Mama müde. „Es ist spät und
morgen ist mein erster Arbeitstag.“
„Wir waren es aber nicht!“, riefen Maja und Fini gleichzeitig aus.
„Ihr Mädchen bringt jetzt die Wellensittiche zurück in den Käfig“,
sagte Papa beschwichtigend. „Wir räumen die Küche auf. Und dann
gehen wir alle schlafen.“
Fini zog eine gekränkte Schnute, aber dann streckte sie Nelly die
Hand hin. Die blaue Wellensittichdame hüpfte auf ihren Finger
und ließ sich brav aus der Küche tragen. Maja pflückte den grünen
Nelson von Papas Schulter und folgte Fini.
Im Wohnzimmer war es auch nachts hell. Der Rollladen
war nämlich kaputt und am gegenüberliegenden Hochhaus
leuchtete eine hellgrüne Reklametafel. Damit die Wellensittiche
trotzdem schlafen konnten, musste ihr Käfig nachts mit einem
dunklen Tuch bedeckt sein. Doch dieses Tuch hing nun über der
Zimmerpalme, die neben einem kleinen Schreibtisch stand.

„Schau mal, jemand hat alle Türchen am Käfig aufgemacht", wunderte sich Fini und schnupperte. „Und es duftet hier so lecker ..."
Maja zog das Tuch von der Palme. „Meine Himbeerbonbons!"
Wie kleine rote Christbaumkugeln baumelten sie zwischen den Palmenblättern – aufgehängt an Wollfäden, die aus den Fransen des Teppichs gezupft worden waren.
Fini brach in lautes Gekicher aus und schlug sich ertappt die Hände vor den Mund. „Das müssen aber ganz tolle Mäuse sein", flüsterte sie dann.

Kapitel 2: Eine unruhige Nacht

Maja wartete, bis ihre Eltern schliefen, dann kroch sie wieder aus dem Bett. Doch kaum war sie bei der Tür, ging die kleine Taschenlampe an, die immer auf Finis Nachttisch lag. „Wo gehst du hin?"
„Schlaf weiter", flüsterte Maja. „Ich will mich nur noch einmal in der Küche umschauen."
„Ich komme mit!", sagte Fini erstaunlich tapfer. Auf bloßen Füßen tappte sie mit Maja in den Flur. Dort hörten sie plötzlich ein

Geräusch: Nebenan im Wohnzimmer raschelte es laut, als würde sich die Zimmerpalme so heftig schütteln wie ein Hund nach dem Bad. Und dann hörten sie ein leises Plappern – das eindeutig nicht von den Wellensittichen kam.

Fini klammerte sich ängstlich an Maja. „Kann die Palme sprechen?", wisperte sie. Das Geplapper hörte auf, dafür schwang die Küchentür plötzlich von ganz allein auf.

„Ein Gespenst!", kiekste Fini und sauste zurück ins Kinderzimmer. Sie hopste ins Bett und vergrub sich mit Mopsi tief unter der Decke. Auch Maja hatte weiche Knie bekommen, aber sie nahm allen Mut zusammen. Auf Zehenspitzen schlich sie weiter. In der Küche war es genauso dunkel wie im Flur, und es roch ein wenig nach ... Erde? Maja war ganz mulmig zumute, während sie nach dem Lichtschalter tastete. Und als das Licht anging, hätte sie beinahe losgeschrien. Auf dem Küchentisch hockte jemand und mopste Walnüsse aus der Schale! Das kleine Wesen sah aus wie ein Zwerg. Oder war es ein Kobold?

Jetzt entdeckte es Maja und sprang so erschrocken auf, dass es vom Tisch fiel und mit einem dumpfen „Uff!" auf den Boden plumpste. Die Walnüsse kullerten über den Boden. Der kleine Dieb rappelte sich wieder auf und starrte Maja, die immer noch wie eingefroren an der Tür stand, fassungslos an.

Jetzt erkannte sie, dass es gar kein Kobold war. Es war ein Junge, vielleicht sechs Jahre alt. Allerdings war er kleiner als ein normaler Sechsjähriger. Er konnte nicht mal über den Tisch gucken.

Sein helles Haar war verstrubbelt und er trug merkwürdige
Kleidung: eine Jacke, die aussah, als wäre sie aus hellem Gras
geflochten, knielange moosgrüne Hosen und winzige Stiefel aus …
weißer Baumrinde?

Jetzt deutete er mit zitterndem Zeigefinger auf Maja. „Ein … ein
Gespenst!", stammelte er entsetzt. Dann sammelte er blitzschnell
Nüsse vom Boden auf und begann, Maja damit zu bewerfen.

Maja riss die Arme vors Gesicht. „Au! Spinnst du?", japste sie. „Hör
auf damit!"

„Erst wenn du verschwindest!", rief der Junge.

Weitere Walnüsse pfiffen ihr um die Ohren.

„Psst!", zischte Maja und duckte sich geschickt weg. „Schrei nicht so
herum! Willst du, dass meine Eltern aufwachen?"

Der Walnussbeschuss hörte auf. „*Eltern?*", flüsterte der Kleine
ängstlich. „Sind das auch Gespenster?"

„Ich bin überhaupt kein Gespenst", sagte Maja verärgert.

Der Junge betrachtete zweifelnd ihr weißes Nachthemd und ihr
zerzaustes Haar.

„Ich bin ein Mensch", beeilte sie sich zu sagen. Doch offenbar
erschreckte das den kleinen Kerl noch viel mehr. Er wurde ganz
blass und riss entsetzt die Augen auf. Maja sah, dass sie grün waren,
mit bernsteingoldenen Sprenkeln.

„He, ich tu dir doch nichts", sagte sie leise. Doch als sie beruhigend
die Hände hob, machte der Junge einen panischen Hopser nach
hinten – und rumste mit dem Kopf laut gegen den Kühlschrank.

Autsch. Maja zuckte zusammen. Das hatte bestimmt wehgetan!
„Von wegen, du tust mir nichts", jammerte er und rieb sich den Kopf. „Kaksi Pataksi, das gibt bestimmt eine Beule!"
„Den Kopf hast du dir allein angehauen", gab Maja leise zurück. „Wer bist du überhaupt? Und was machst du hier?"
Draußen schleifte eine Tür über den Teppich. Dann sagte Papa gähnend: „Du hast bestimmt nur geträumt."
„Nein, da hat wieder was gerumpelt", erwiderte Majas Mutter. „Und schau, in der Küche brennt Licht. Ich sehe mal nach."
„Schnell! Unter den Tisch!", raunte Maja dem Kleinen zu.
Im nächsten Augenblick saßen sie beide zusammengekauert in ihrem Versteck, gut verborgen hinter der langen Tischdecke.
„Siehst du, alles in Ordnung", hörte Maja ihren Vater sagen.
„Da liegen noch ein paar Nüsse herum, aber sonst ... Wir haben vorhin wohl vergessen, das Licht auszumachen."
„Ich weiß nicht", antwortete Majas

Mutter leise. „Glaubst du, die Mädchen spielen uns solche Streiche, weil sie wütend auf uns sind? Weil ich in nächster Zeit so viel arbeiten muss?"

„Ach was", erwiderte Papa. „Maja ist doch so vernünftig! Sie freut sich, dass sie jetzt die Nachmittage immer bei Konrad bleiben kann. Und Fini gehört im Kindergarten ja auch schon zu den Großen. Nein, nein, die zwei sind ganz sicher nicht wütend auf uns. Kinder treiben einfach gern Schabernack, das ist alles."

Mama seufzte. „Na gut. Dann lass uns schlafen gehen."

Das Licht ging aus, eine Tür klappte zu und Maja saß im Dunkeln – mit einem seltsamen Jungen, der ängstlich nach Luft schnappte.

„Keine Angst", beruhigte sie ihn. „Meine Eltern sind nicht gefährlich."

„Ach ja?", keuchte der Junge. „Und warum verstecken wir uns dann vor ihnen?"

„Weil sie dich nicht sehen sollen. In unserer Wohnung hast du nämlich nichts verloren."

„Wohnung?", fragte der Kleine verständnislos. „Meinst du damit dieses eckige Höhlensystem?"

Jetzt war es an Maja, verdutzt zu sein. „Hast du etwa noch nie eine Wohnung gesehen?"

Ein Lichtkegel huschte über die Küchenfliesen, dann wurden sie vom Schein der Taschenlampe geblendet. „Maja?", fiepste ein leises Stimmchen.

Maja hechtete zu ihrer Schwester, bevor Fini vor Schreck laut loskreischen konnte. Im Schein der Taschenlampe krabbelte nun nämlich auch der Junge unter dem Tisch hervor.

„Psst! Er tut dir nichts", flüsterte Maja Fini zu.

Aber Fini hatte es ohnehin die Sprache verschlagen. Mit riesigen Augen sah sie zu, wie der Junge etwas Grünes vom Boden aufhob und es sich auf den Kopf setzte. Es war eine Mütze aus dunkelgrünem Moos, an der auch noch Klumpen von Erde hingen.

„Das ist aber keine Maus", hauchte Fini. „Eher ein Mooskopf."
Und dann staunte Maja. Denn ihre kleine Schwester, die sonst viel zu schüchtern war, um mit fremden Kindern zu sprechen, kicherte leise und fragte: „Was bist du denn für einer?"
Der Junge runzelte die Stirn, als würde er überlegen, ob Fini sich über ihn lustig machte. „Na, das sieht man doch", antwortete er. „Ich bin ein Baumgeist."

Kapitel 3: Tomti mit der Moosmütze

„Du bist ein Geist?" Fini war nun doch ein bisschen blass geworden. Maja schüttelte entschieden den Kopf. „Geister gibt es nicht. Und wenn es Baumgeister gäbe, müssten die doch in Bäumen leben, oder? Bei uns gibt es aber eindeutig keinen Baum."
Der Junge schluckte. Seine Unterlippe begann zu zittern und seine grüngoldenen Augen füllten sich mit Tränen. „Ich habe meinen Baum ja auch verloren!", stieß er unglücklich hervor. „Und jetzt bin ich ganz allein."
Er sackte auf die Knie und schlug die Hände vor das Gesicht. Und dann konnten Fini und Maja nur noch bestürzt zuschauen, wie der kleine Kerl herzzerreißend zu heulen begann.

Fini schien völlig vergessen zu haben, dass sie sich eigentlich fürchten wollte. Sie kniete sich neben den Jungen und streichelte ihm tröstend über die Schulter. „Aber du bist doch gar nicht allein", flüsterte sie. Doch das Schluchzen wurde nur lauter.
Maja schielte besorgt zur Tür des Elternschlafzimmers. „Wir verschwinden jetzt erst einmal aus der Küche", bestimmte sie.
Der Baumgeist heulte immer noch, als sie längst zu dritt im Kinderzimmer saßen. Inzwischen war seine Nase so rot, dass sie an ein Ampellicht erinnerte.
„Also, wenn du wirklich so eine Art ... ähm ... Baumbewohner bist", fragte Maja vorsichtig, „wie kann man denn einen ganzen Baum einfach so verlieren?"
Der Kleine zuckte ratlos mit den Schultern. „Ich habe Winterschlaf gehalten. Wenn die Bäume im Winter schlafen, ruhen wir Baumgeister uns nämlich auch aus. Aber plötzlich bin ich aufgewacht. Der Baum hat sich geschüttelt wie im schlimmsten Sturm und ich habe mir die Stirn so fest angehauen, dass vor meinen Augen alles schwarz wurde." Er wischte sich mit dem Ärmel über die Nase und fuhr leiser fort: „Dann weiß ich nur noch, dass ich vor irgendwas geflüchtet bin, und alles um mich herum hat gebrüllt und geblitzt und war ganz grell und hell."
„Wie bei einem Gewitter?"
Aber der Kleine sah völlig ratlos drein. „Ich habe alles vergessen. Ich erinnere mich nur noch, dass ich mit einem schrecklichen Brummschädel aufgewacht bin – im Palmenstamm."

„In unserer Zimmerpalme also?", wunderte sich Maja. „Aber du bist doch viel zu groß, um da reinzupassen."

„So riesengroß wie jetzt bin ich nur, wenn ich die Palme verlasse", erklärte der Junge.

„Riesengroß?" Fini kicherte.

„Die Palme kann nicht mein richtiger Baum sein!", klagte der Kleine. „Jeder Waldgeist hat einen Baum, aus dem er stammt. Dieser Stammbaum passt immer ganz genau zu ihm. Aber die Wohnung in der Palme ist so klein, dass ich mich beim Schlafen zusammenrollen muss. Es war sehr unbequem, so viele Tage dort versteckt zu sein. Erst als ich Vogelgezwitscher hörte, habe ich mich hinausgewagt. Aber da war gar kein Wald, sondern nur diese komische, staubtrockene Höhle."

Maja schluckte ganz aufgeregt. Wenn sich die Wohnung *in der Palme* befand, schlüpfte der Baumgeist also tatsächlich *in* die Pflanze hinein?

Fini schien sich darüber kaum zu wundern. Sie verschränkte die Arme und fragte nur: „Also hast *du* mein Puppentässchen gemopst?"

Der Kleine nickte. „Die Vögel haben mir gesagt, wo ich Wasser und etwas zu essen finde, Nüsse und Kräuter und so."

„Du ... du kannst mit Tieren sprechen?", fragte Maja.

„Klar", erwiderte der kleine Baumgeist und zuckte mit den Schultern. „Das kann doch jeder!"

Fini begann zu strahlen wie ein Primeltopf.

„Die Vögel sagen, die Höhle gehört federlosen Riesen", fuhr der Baumgeist fort. „Von denen darf ich mich auf keinen Fall erwischen lassen, weil sie mich sonst auch in einen Käfig sperren." Er schüttelte sich bei dieser Vorstellung.

„Ich bin eine federlose Riesin?", staunte Fini. Der Gedanke schien ihr zu gefallen.

Maja überlegte. Die Zimmerpalme hatte in Papas Büro in der Stadt gestanden, doch vor ein paar Tagen hatte er sie mit nach Hause gebracht und ins Wohnzimmer gestellt. So war der Baumgeist also hierhergekommen. „Und du weißt wirklich nicht, in was für einem Baum du vorher gewohnt hast?", hakte sie nach.

Der Baumgeist schüttelte betrübt den Kopf und sank zu einem Häufchen Elend zusammen. Er tat Maja wirklich leid. „Aber du weißt doch noch, wie du heißt, oder?", setzte sie vorsichtig hinzu.

„Ich ... ähm ... nein", stotterte er. „Mein Nachname ist mir beim Rums aus dem Kopf gefallen. Ich erinnere mich nur noch an meinen Vornamen: Tomti."

Fini kicherte. „Das ist ein lustiger Name. Ich heiße Finja Lindemann, aber du darfst Fini zu mir sagen. Und das ist meine Schwester Maja."

Tomti runzelte verwirrt die Stirn. „Lindemann? Aber ihr seid doch gar keine Baumgeister!"

Als er ihre verständnislosen Mienen sah, erklärte er: „Der Nachname verrät doch immer, von welchem Baum man abstammt. Und wenn ihr Lindemann heißt, stammt ihr beide von einer Linde ab."

Maja musste sich ein Lächeln verkneifen. „Nein, bei uns Menschen ist das anders. Wir ...."

„Du musst nicht mehr traurig sein", unterbrach Fini sie aufgeregt. „Wir suchen einen neuen Baum für dich."

Tomtis Miene hellte sich auf. „Wirklich?"

„Klar, gleich morgen!", sprudelte Fini voller Begeisterung weiter. „Das machen wir, stimmt's, Maja?"

Maja sah, wie Tomtis Augen voller Hoffnung aufleuchteten, und lächelte. „Wir helfen dir, eine neue Wohnung zu finden", sagte sie und nickte ihm aufmunternd zu.

„Kaksi Pataksi! Danke!" Tomti lachte erleichtert und sprang auf. Dann hüpfte er gut gelaunt zur Zimmertür. Doch bevor er hinaushuschte, drehte er sich noch einmal um, hob den Zeigefinger und sagte mit Nachdruck: „Aber es muss eine große Wohnung sein!"

Die puzzelige Platane

Kapitel 4: Konrad wird verwuschelt

Vor Aufregung bekam Fini morgens kaum einen Bissen herunter. Und Maja flitzte gleich nach dem Frühstück ins Wohnzimmer, um die Himbeerbonbons von der Palme zu zupfen. Aber ihre Eltern bekamen heute Morgen rein gar nichts mit. Papa räumte das Frühstück ab und Mama war mit den Gedanken schon bei ihrer neuen Arbeitsstelle. „Dann mal ab mit euch, Mädchen!", sagte sie und sortierte hektisch ihre Aktenmappe. „Und heute Nachmittag viel Spaß bei Konrad."

Maja und Konrad kannten einander seit dem Kindergarten und waren immer noch beste Freunde. Er wohnte nur drei Straßen weiter und ging in Majas Parallelklasse. Und solange Maja auf dem

Pausenhof in seiner Nähe war, traute sich niemand, den schmalen, schlaksigen Konrad „Gummilummi" zu nennen.

Als er an diesem Morgen aus dem Haus trat, hatte er eine rote Schniefnase und seine Augen tränten hinter den dicken Brillengläsern. „Hap Heuschduppen", näselte er.

„Heuschnupfen im Februar?", wunderte sich Maja. „Jetzt blüht doch noch gar nichts."

„Die ersten Birken und Haselnussbäume schon." Konrad nieste und strich sich das widerspenstige schwarze Haar wieder hinter die Ohren. „Ich bleibe heute Nachmittag drinnen."

„Nein, Konrad", meldete sich Fini zu Wort, „wir müssen doch einen Wohnungsbaum suchen!"

Während sie Fini zum Kindergarten begleiteten, erzählte Maja alles. Doch Konrad grinste nur ungläubig. „Ein Baumgeist? Ihr habt wohl geträumt!"

„Du wirst schon sehen!", rief Fini beleidigt.

Es wurde der längste Schultag in Majas Leben. Und als Maja, Fini und Konrad am Nachmittag in die Lindemann-Wohnung stürmten, flatterten ihnen die Wellensittiche schon im Flur entgegen.

„Tomti?", rief Fini und rannte ins Wohnzimmer.

„Du kannst ruhig rauskommen", sagte Maja. „Das ist mein bester Freund, Konrad. Er wird uns helfen."

Aber nicht einmal ein Palmenblatt wackelte, als Maja an das Stämmchen klopfte. „Hallo? Jemand zu Hause?"

Nelson flitzte im Tiefflug über den Schreibtisch und landete in der Pflanze.

„Ist wohl gerade keine Geisterstunde", frotzelte Konrad. „Aber ein richtiger Geist kann euer Mooskopf ja ohnehin nicht gewesen sein. Geister sind nämlich durchsichtig wie Nebel – oder ganz unsichtbar."

Neben ihnen klapperte es. Maja und Fini fuhren herum, als ein Bleistift vom Schreibtisch rollte. Konrad lachte. „Ihr seid ja vielleicht schreckhaft! Das war doch nur der Luftzug von Nelsons Flügeln ... Au!" Überrascht hopste er zur Seite, als hätte ihn jemand fies geschubst. „Hey!" Seine Haare wurden von unsichtbaren Händen wild verwuschelt. „Was ...?", keuchte er erschrocken auf. Doch da wurde ihm schon die Brille von der Nase gepflückt und tanzte in der Luft hin und her. Konrad stieß einen Schrei aus, als direkt vor ihm auf dem Tisch Tomti erschien – und er wurde so blass, dass sogar seine Heuschnupfennase alle Farbe verlor.

„Hallo, Konrad!", sagte Tomti und grinste. „Klar sind wir Geister unsichtbar. Man sieht uns nur, wenn wir gesehen werden wollen."

Maja räusperte sich und Tomti fügte schnell hinzu: „Na gut, manchmal werden wir aus Versehen sichtbar, wenn wir uns erschrecken." Er kicherte. „Das ist bei euch Menschen wohl anders:

Wenn ihr euch erschreckt, werdet ihr erst weiß wie Schneebeeren und dann rot wie Mohnblüten."

Konrad war nun tatsächlich bis über beide Ohren rot geworden, so peinlich war ihm das Ganze. Maja wusste, warum: Konrad gehörte in der Schule immer zu denen, denen man nicht viel zutraute. Dabei wünschte er sich nichts mehr, als ein cooler, mutiger Abenteurer zu sein!

„Das war nicht sehr witzig", murmelte er verlegen und schnappte dem kleinen Geist seine Brille aus der Hand. Nelly tschilpte. Tomti kicherte, als hätte die Wellensittichdame einen Witz gemacht, und hopste vom Tisch.

„Tomti kann nämlich mit den Wellis sprechen", erklärte Fini mit wichtiger Miene.

„Ach ja?", grummelte Konrad immer noch leicht eingeschnappt.

„Klar." Tomti nickte voller Stolz. „Auf Wellisisch!"

„*Pieps*", meldete sich Nelson aus der Palme.

„Was hat er gesagt, Tomti?", fragte Fini.

„Ich soll euch was ausrichten", antwortete der Baumgeist. „Die zwei wollen tagsüber frei in der Wohnung herumfliegen. Und die trockene Hirse, die ihr ihnen immer gebt, schmeckt langweilig. Sie mögen lieber frische grüne Silberhirse."

Nun staunte auch Konrad. „Das alles sagt er mit einem einzigen Pieps?"

„Ich finde, er ist ein ganz schönes Plapperschnäbelchen", gab Tomti zurück.

Fini wurde ganz aufgeregt. „Kannst du ihn auch fragen, ob er uns gerne mag?"

Tomti pfiff drei Töne. Nelson hörte mit schief gelegtem Kopf zu, dann trällerte er: „*Tschilp-di-tschilp-tschilp-gicker-gicker-gicker-tirili-träller-piiiieps!*"

„Ja", übersetzte Tomti die Antwort des Vogels.

Konrad lachte laut los. „Wellisisch ist ja eine lustige Sprache!" Und mit abenteuerlustig blitzenden Augen fügte er hinzu: „Und ich weiß schon, wo ein Baum für Tomti steht!"

Kapitel 5: **An der großen Straße**

Es war seltsam, zusammen mit einem Baumgeist die Straße entlangzugehen. Tomti musste immer wieder zur Seite hopsen. Die Leute, die ihnen entgegenkamen, sahen und hörten ihn nämlich nicht. Nur für Maja, Fini und Konrad machte er sich auf magische Weise sichtbar.

„Der Baum steht direkt hinter dem Hochhaus, in dem ich mit meinen Eltern wohne", erklärte Konrad dem kleinen Geist. „Er wird dir bestimmt gefallen."

Aber Tomti sah sich mit ängstlich hochgezogenen Schultern um. „So viel kahles, glattes Grau!", hauchte er völlig eingeschüchtert. „Lauter riesige Menschen. Und überall brüllende Drachen, die giftigen Rauch pupsen!"

Maja brauchte einen Augenblick, um zu begreifen. „Ach, du meinst die Autos", sagte sie. „Die sind nur gefährlich, wenn du auf die Straße läufst. Vor allem, wenn du unsichtbar bist. Also bleib ganz dicht bei uns."

Tomti nickte tapfer, aber Maja wurde klar, dass der Kleine ja zum allerersten Mal eine Menschenstadt sah. Während sie weitergingen, betrachtete sie ihr Viertel so, wie es wohl auf Tomti wirken musste: Hochhäuser, graue Straßen aus Asphalt und Autos und Straßenbahnen, die lärmend vorbeizogen. Plötzlich kam ihr ihre Stadt auch sehr laut und grau und bedrohlich vor.

„Dort ist er!" Konrad deutete auf eine Verkehrsinsel mitten auf einer breiten Straße. Zwischen zwei Fußgängerampeln reckte ein einzelner Baum seine Zweige zum Himmel. Natürlich war er so früh im Jahr noch kahl, aber Maja fiel auf, dass er eine hübsche, bunt gesprenkelte Rinde hatte. Als sie die Straße überquert hatten und direkt vor dem Baum standen, konnte man sehen, dass die Rinde aus gelblichen, rotbraunen und grüngrauen Plättchen bestand.

„Sieht ja aus wie das Muster auf einer Tarnjacke", stellte Konrad fest.

„Oder wie ein Puzzle", ergänzte Maja.

Tomti zuckte ratlos mit den Schultern. „So einen Baum habe ich noch nie gesehen." Und gar nicht begeistert fügte er hinzu: „Der steht da ja ganz alleine!"

„*Wuff!*", ertönte es hinter ihnen. Ein Mann mit einem grünen Hut überquerte gerade die Straße. An der Leine führte er einen Dackel. Maja schaute sich nach Tomti um – und stellte fest, dass er sich ganz unsichtbar gemacht hatte.

„Guten Tag! Wissen Sie zufällig, was das für ein Baum ist?", fragte Konrad den Mann.

„Das wisst ihr nicht?", brummte der mürrisch. „Diese Stadtkinder heutzutage ... Eine Pla-ta-ne ist das! Platanen sind schön robust, die pflanzt man oft an Straßen."

Während er sprach, schnupperte der Dackel am Stamm – und hob dann sein Bein. „Iiiih!", kreischte der unsichtbare Tomti los. Der Mann konnte ihn nicht hören, er schaute nur verblüfft zu, wie sein Hund an der Leine herumzuhopsen begann.

Fast, als würde ihn ein Unsichtbarer wüst herumschubsen.

„Herkules! Was ist denn mit dir los?"

Doch da machte der Hund einen zirkusreifen Salto durch die Luft –
und sauste jaulend davon. Die Leine rutschte dem Mann aus der
Hand. Zum Glück sprang die Ampel gerade auf Grün, als der Dackel
auf die andere Straßenseite flitzte. „Herkules! Bei Fuß!" Der Mann
eilte ihm schimpfend hinterher.

Man hörte fernes Gekläffe und ganz nah ein zufriedenes Kichern.
Tomti wurde wieder sichtbar und rieb sich die Hände.

„Das war aber nicht nett", sagte Fini. „Der arme Herkules hat jetzt
bestimmt Angst beim Pipimachen."

Tomti lachte. „Umso besser. Dann lässt er in Zukunft die armen
Bäume in Ruhe. Obwohl ...", er legte den Kopf schief und lauschte
auf das Kläffen, „... nach Angst hört sich das nicht gerade an."

„Was sagt denn der Dackel?", wollte Maja wissen.

Tomti grinste. „Solche Schimpfwörter wiederhole ich nicht!"

Er spitzte die Lippen und trällerte eine Melodie. Sofort flatterte ein
schwarzer Vogel herbei und ließ sich auf einem Ast nieder.

„Da ist auch schon der Borkenklopfer", freute sich Tomti.

Fini schüttelte den Kopf. „Nein, Tomti, das ist doch eine Amsel!"

„Sind nicht eher Spechte Borkenklopfer?", wunderte sich auch
Konrad.

Offenbar war das eine sehr dumme Frage, denn Tomti rollte mit
den Augen. „Borkenklopfer heißen alle Vögel, die anklopfen, um
nachzuschauen, ob ein Baum schon von einem anderen Baumgeist

bewohnt ist. Ich kann ja nicht einfach in eine
fremde Wohnung hüpfen!"
*Na ja, in unsere Wohnung
bist du einfach so gehüpft,*
dachte Maja bei sich.
„Was ist denn überhaupt
Borke?", wollte Fini wissen.
„Na, die äußerste Schicht der
Rinde", erwiderte Tomti. „Alles,
was hier so puzzelig aussieht!"
Die Amsel klopfte nun mit dem Schnabel ganz
leicht gegen die puzzelig gefleckte Borke und zwitscherte Tomti
etwas zu.
„Es gibt also leere und bewohnte Bäume?", fragte Konrad.
„Klar", antwortete Tomti. „Manche Bäume wollen gar keine
Bewohner. Das merkt man aber sehr schnell." Und im selben
Wimpernschlag war er verschwunden. Nur ein paar grüne
Glitzerfunken schwebten in der Luft und verloschen dann.
„Ist er jetzt weg?", fragte Fini traurig. „Ohne sich zu
verabschieden?"
„Tja, er ist ein Baumgeist", erwiderte Maja. „Und er hat ja jetzt eine
neue Wohnung gefund..."
In diesem Augenblick erschien Tomti wieder, das Gesicht zu einer
finsteren Miene verzogen. „Kaksi Pataksi!", schimpfte er. „Diese
Wohnung will ich nicht!"

33

„Ist sie nicht groß genug?", fragte Konrad.
„Riesengroß!", wetterte Tomti. „Aber die Platane hat eine puzzelige Tapete, bei der mir ganz schwindelig wird! Weit und breit gibt es keine Baumnachbarn! Und das Schlimmste: Das Brüllen der Autodrachen dröhnt darin so laut, dass man sein eigenes Wort nicht versteht." Empört schüttelte er den Kopf und sagte sehr bestimmt: „Ich will eine ruhige Wohnung!"

Kapitel 6: Fini hat eine Idee

„Wie war es denn heute bei Konrad?", fragte Mama am Abend.
„Ganz okay", brummte Maja.
Fini stocherte bekümmert in ihren Nudeln herum.
Sie machten sich beide Sorgen um Tomti. Er hatte sich in der Palme verschanzt und reagierte nicht auf Rufen und Klopfen.
„Erzähl: Wie war dein erster Tag im Büro?", wollte Papa wissen.
„Anstrengend!", seufzte Mama und lächelte. „Aber auch spannend. Wisst ihr was, Mädchen? Wenn ich die Stelle behalte, dann verdienen Papa und ich zusammen so viel, dass wir in eine größere Wohnung umziehen können. Dann bekommt endlich jede von euch ein eigenes Zimmer."

„Ist die neue Wohnung auch ruhig?", murmelte Fini in ihren Teller.
„Ja, sicher", sagte Mama ein wenig verwundert.
„Und bekommen die Wellis auch ein eigenes Zimmer?", fragte Fini weiter. „Sie sagen, sie wollen frei fliegen. Und frische grüne Silberhirse."
„Die Sittiche sagen das?", fragte Papa mit einem Schmunzeln.
„Ja, auf Wellisisch", gab Fini zurück. „Tomti versteht nämlich, was Tiere ... *Autsch!*"
Der kleine warnende Tritt, den Maja ihr unter dem Tisch gegeben hatte, war wohl etwas zu fest gewesen.
Aber zum Glück lachte Mama, als hätte Fini einen Scherz gemacht. Und das mit Tomti hatte sie glatt überhört. „In der neuen Wohnung werden auch die Vögel mehr Platz haben, versprochen", sagte sie. „Aber Silberhirse kaufe ich gleich morgen."
„Du kannst doch nicht einfach von Tomti erzählen!", schimpfte Maja, sobald Fini und sie in ihrem Zimmer waren.

„Entschuldigung", sagte Fini zerknirscht. „Ich bin noch ganz verpuzzelt." Sie drückte Mopsi an sich. „Glaubst du, Tomti fühlt sich einsam?"

Maja nickte. „Wahrscheinlich schon. Und da er keine Einzelbäume mag, hat er bestimmt in einem Wald gewohnt."

Fini seufzte nachdenklich. Aber dann hob sie den Kopf. „Ich weiß, wo es mehrere riiiiesige Bäume gibt!", stieß sie aufgeregt hervor. „Hinter dem Kindergarten am Spielplatz. Und da dürfen keine Autos fahren, also ..."

„... ist es dort auch ruhig!" Maja strahlte.

Während ihre Eltern in der Küche herumwerkelten, schlich sie sich zur Palme. „Morgen nach der Schule gehen wir zum Kindergarten, Tomti", flüsterte sie hastig in die Blätter. „Du wirst sehen, dort stehen große ruhige Bäume!"

Die heitere Hasel

Kapitel 7: Besser gemeinsam als einsam

Zu Majas Überraschung wartete Tomti schon ganz hibbelig im Flur, als Konrad und sie am nächsten Tag nach der Schule in die Wohnung kamen. „Gehen wir jetzt zu den Bäumen?", fragte er gut gelaunt. „Und es sind auch wirklich mehrere?"
„Sogar riesengroße", versprach ihm Konrad. „Fini hat sie gefunden."
Tomti freute sich noch mehr. „Viele Bäume, das ist toll! Gemeinsam ist für Bäume nämlich besser als einsam."
Maja hob die Brauen. „Das ist bei Menschen ja genauso."
Tomti sah sie neugierig an. „Wirklich? Dann versorgt ihr euch auch gegenseitig? Aber ihr habt doch gar keine Wurzeln?"
Maja und Konrad sahen Tomti verwirrt an.

„Na, wenn ein Baum krank ist oder zu wenig Licht bekommt, geben ihm die anderen Bäume über das Wurzelnetz Nahrung", erklärte Tomti.

„Das machen Bäume?", wunderte sich nun Konrad.

„Natürlich!", erwiderte Tomti. „Die beschützen sich auch gegenseitig vor Käfern, Raupen und anderen Blätterfressern. Wenn ein Baum zum Beispiel von Raupen überfallen wird, die seine Blätter abknabbern, schickt er einen Duft in die Luft. Der lockt dann Tiere und Insekten an, die am liebsten Raupen fressen. Damit rettet sich der Baum und hilft auch seinen Nachbarbäumen. Und manche Bäume warnen sich auch über ihre Wurzeln gegenseitig vor Schädlingen und wehren sich dann gemeinsam. Sie lassen dann zum Beispiel alle ihre Blätter bitter schmecken, damit den Schädlingen der Appetit vergeht."

Konrad grinste. „Also, wenn ein Käfer mich anknabbern wollte, würde Maja mich sicher auch warnen."

Maja lachte. „Gegen gefährliche Monsterkäfer würde ich dich sofort verteidigen!"

Tomti nickte ernst. „Außerdem sind Bäume in der Gruppe besser gegen Wind und Stürme geschützt. Einen einsamen Baum wie die Platane kann der Sturm so schlimm durchschütteln, dass sie sogar umstürzen könnte! Und die Autodrachen nebeln sie auch noch mit stinkigen Gasen zu ..."

Eben hatten Maja und Konrad noch gelacht, aber jetzt sahen sie sich ein wenig betroffen an. „Oje", sprach Konrad aus, was sie beide dachten. „Dann kann einem die einsame Straßenplatane aber wirklich leidtun."

Kapitel 8: Hatschi!

Finis Kindergarten lag in einem ruhigen Wohngebiet hinter den Hochhäusern. Es war ein flaches Gebäude, das mit bunten Kinderzeichnungen bemalt war. Fini drückte sich schon die Nase an der Scheibe platt und stürmte nach draußen, sobald sie die drei entdeckte. „Na endlich! Ich warte schon eeeewig."
Sie führte die Freunde um den Kindergarten herum zu einem Spielplatz, der versteckt zwischen hohen Hecken lag. Auf einem winzigen Wiesenstück standen eine Schaukel, ein Sandkasten und eine Parkbank. Doch von riesigen Bäumen keine Spur.
„Ist das der richtige Spielplatz?", wollte Konrad wissen.
„Das sieht man doch!" Fini deutete hinter den Sandkasten.
Maja musste zweimal hinschauen, um zu verstehen, was Fini meinte. Es waren drei Bäumchen, nicht viel höher als die Hecken und ziemlich struppig und dürr. Eines davon war noch ganz kahl, doch an den zwei anderen hingen Büschel von gelben, raupenförmigen Gebilden.

„*Die* hast du gemeint?", fragte Maja. „Was sind das denn für Bäume?"

„Es sind Ha... Ha... *hatschi!*", nieste Konrad. „Ich meinte: Haselnussbäume! Diese gelben Pollenwürstchen an den Zweigen sind die Blüten. Oje! Mein Heuschduppen geht wieder los!"

„*Bäume?*", meldete sich nun Tomti entrüstet zu Wort. „Das sind doch nur Sträucher." Er schüttelte verärgert den Kopf. „Ein Baum hat doch einen einzelnen großen Stamm! Ein Strauch dagegen hat mehrere dünne Mini-Stämmchen, die im Bündel aus dem Boden wachsen." Er schnaubte. „Also, ich werde ganz bestimmt nicht in einem staubigen Haselstrauch leben." Damit versetzte er einer Hasel einen Schubs. Die Äste mit den gelben Blütenwürstchen wackelten, gelber Pollenstaub rieselte herunter. „*Hatschi!*", nieste Konrad und brachte sich am Rand des Spielplatzes in Sicherheit. Was nicht viel nützte, denn inzwischen war seine Nase schon angeschwollen und seine Augen tränten.

„Hör auf, Tomti!", schimpfte Maja. „Du machst Konrads Heuschnupfen nur noch schlimmer."

Aber Tomti marschierte weiter zu dem kahlen Strauch und verzog den Mund. „Und das hier ... Das ist ja eindeutig der dürrste und langweiligste Strauch aller Zeiten!", wetterte er weiter. „Wer will denn in so einem mausigen, öden Ding wohnen?"

Fini machte schon den Mund auf, um zu protestieren, aber zu Majas Überraschung war es Konrad, der den Strauch hitzig verteidigte.

„Nur, weil jemand von außen nicht auffällt, muss er noch lange nicht langweilig sein!", rief er erbost aus. „Vielleicht ist er innendrin der tollste, stärkste und mutigste Strauch aller Zeiten und du merkst es nur nicht, weil du ihn gar nicht richtig kennst!"
„Genau!", platzte Fini heraus. „Und hier ist es ganz ruhig und es gibt keine Autos – genau das wolltest du doch."
„Ja, das stimmt, Tomti", mischte sich nun auch Maja ein. „Fini hat sich Mühe gegeben, das Richtige für dich zu finden. Und jetzt meckerst du herum, ohne die Wohnungen in den Sträuchern überhaupt besichtigt zu haben."

Tomti bekam ganz große Augen. Ein wenig verwirrt schaute er die drei an: Fini und Konrad, die beide gekränkt nickten, und Maja, die eine ernste Miene machte. Dann wurde der kleine Baumgeist plötzlich rot im Gesicht. „'tschuldigung", sagte er zerknirscht. „Ich wollte nicht meckern. Und es ist toll, dass du die Sträucher gefunden hast, Fini. Aber ... Haseln sind nur etwas für Baumgeister, die sich gerne in winzige Wohnungen quetschen. Dann kann ich auch gleich in der Palme bleiben."

Fini sah trotzdem ganz unglücklich drein. Maja ging zu ihr und strich ihr tröstend über das Haar. „Nicht traurig sein, das kann man doch verstehen. Wir freuen uns ja auch beide darauf, bald größere Zimmer für uns allein zu haben."

Fini nickte zwar tapfer, aber ihre Unterlippe zitterte verdächtig. Oh nein, sie würde doch nicht etwa zu weinen anfangen?

„Und außerdem", meldete sich Tomti hastig zu Wort, „hängen in Haselstrauchwohnungen überall Fellfussel von Eichhörnchen. Ständig muss man niesen wie Konrad, weil die flauschigen Haare in der Nase kitzeln. Nein, ich brauche eine fusselfreie, saubere Wohnung."

Kapitel 9: Hörnchen und Trolle

„Eichhörnchen?" Finis Unterlippe hatte schlagartig aufgehört zu zittern.

„Na klar." Tomti lächelte verschmitzt. „Haseln und Hörnchen gehören zusammen wie Blüten und Bienen. Die Eichhörnchen sammeln im Herbst Haselnüsse und vergraben sie als Futtervorrat für den Winter."

Er schnalzte mit der Zunge und in allen Sträuchern und Hecken begann es zu rascheln. Fuchsrote Fellchen leuchteten im Gestrüpp auf. Überall kletterte und wuselte es, dass die Pollen nur so staubten.

„Hörnchen!", kreischte Fini begeistert.

„*Hatschiii!*", kam es kläglich von Konrads Seite.

Doch da wimmelte der Spielplatz schon vor lauter Eichhörnchen. Große und kleine, hellrote und braune, schwarze und kupferfarbene hüpften herbei und keckerten frech.

„Was sagen sie?", wollte Fini wissen.

Tomti lachte. „Sie rufen: ‚Ihr lahmen Fellköpfe fangt uns nie!'"

„Autsch!", rief Maja.

Kleine Krallen zupften an ihren Haaren.

Ein freches Eichhörnchen war auf ihrem Kopf gelandet und sprang nun wieder auf einen Ast. Doch schon flitzten fünf andere herbei und hüpften um sie herum. Sobald Maja einen Schritt machte, stoben sie davon, um wieder zurückzukommen und sie von Neuem zu ärgern. Maja lachte und ehe sie es sich versah, spielten Fini und sie mit der Eichhörnchenschar fröhlich Fangen. Tomti streckte die Hand nach einem Ast aus und ein ganz kleines Eichhörnchen landete etwas unbeholfen darauf. Fini rannte sofort zu ihm. „Wie niedlich! Das ist ja noch ein Baby. Darf ich es streicheln?"

„Sie sagt Ja", antwortete Tomti.

Das Kleine kuschelte sich in Finis Hand und fiepste leise, als Fini vorsichtig mit dem Zeigefinger über das orangefarbene Fell strich. Tomti übersetzte: „Sie sagt, sie heißt Goldauge."

Fini wurde ganz hibbelig vor Aufregung. „Hallo, Goldauge. Mein Name ist Fini."

Maja wurde es ganz warm ums Herz, als sie sah, wie glücklich ihre kleine Schwester plötzlich war.

„Goldauge findet es toll, dass ein Menschenmädchen so schönes lockiges Fell auf dem Kopf hat", übersetzte Tomti weiter. „Deshalb will sie dich lieber Felline nennen."

Jetzt strahlte Fini noch mehr. Aber bevor sie antworten konnte, flüchtete Goldauge mit einem warnenden Pfiff zurück auf den Haselstrauch. Auch die anderen Eichhörnchen sprangen nun blitzschnell auf die Äste.

Tomti blinzelte ungläubig. „Goldauge sagt, die Trolle sind im Anmarsch."

„Drolle gibt es dichd", meldete sich Konrad verschnupft zu Wort.

Doch im selben Augenblick ertönten hinter der Hecke Rülpsen und Gelächter.

Zwei ältere Jugendliche schlenderten auf den Spielplatz. Der größere hatte eine Flasche in der Hand. „Hey, ihr da!", maulte er. „Haut ab, aber zackig!"

Fini wich sofort ängstlich hinter Maja zurück. Aber Maja hob das Kinn. „Ihr habt uns gar nichts zu befehlen", sagte sie, obwohl auch ihr die Knie ein bisschen zittrig wurden.

„Und ihr habt hier nichts verloren", pöbelte der zweite Jugendliche. „Das hier ist unser Platz zum Chillen!"

„Ach ja?" Konrad kam heran. „Das ist ein Schbielplatz. Und der ist für Ginder da, nichd für euch!"

Leider hörte sich sein Genuschel nicht sehr beeindruckend an. Die Jugendlichen lachten nur. „Was will denn der Schnupfenspargel von uns?", höhnte der größere. Der kleinere grinste und rief Fini zu: „Geh heim zu Mama, du Zwerg!"

Maja spürte, wie nun die Wut in ihr hochkochte.

45

Auch Konrad ballte die Hände zu Fäusten. Doch bevor es zum Streit kommen konnte, sprang Tomti auf die Parkbank und pfiff. Die zwei Jugendlichen sahen und hörten den kleinen Baumgeist nicht. Sie sahen nur, wie alle großen Eichhörnchen gleichzeitig von den Bäumen sprangen und eifrig zu buddeln begannen.

„Was machen die denn da?", piepste Fini hinter Maja.

„Sie graben irgendetwas aus ...", rätselte Maja.

„Hä? W... was soll das?", stotterte der größere Jugendliche. Weiter kam er nicht, denn im nächsten Moment wurde er schon mit ausgebuddelten Haselnüssen beworfen.

„Wie ... was ...?", stammelte auch der zweite. Und dann schrie er entsetzt auf, als die gickernde Hörnchenmeute sich auf ihn stürzte.

Es hagelte erdverkrustete Haselnüsse. Die Eichhörnchen hopsten und flitzten um die Jungs herum, sprangen ihnen auf die Köpfe und verstrubbelten ihnen die Haare, keckerten und pfiffen schrill. Erdbrocken und noch mehr Nüsse flogen den Jugendlichen um die Ohren. Und während die Jungen schreiend und stolpernd die Flucht ergriffen, kringelten sich Maja, Konrad, Fini und Tomti vor Lachen.

„Die trauen sich bestimmt nicht mehr her", gluckste Fini.

„Ja. Ab heute herrscht hier Trollverbot", sagte Tomti zufrieden. „Danke, Hörnchen!"

Fröhliches Gickern antwortete ihm.

„Hatschi!", pflichtete auch Konrad Tomti bei.

Die blitzblanke Birke

Kapitel 10: Die Suche geht weiter

Es dauerte eine Woche, bis sich Konrad von den Haselnusspollen erholt hatte. Tomti ließ sich sogar zwei Wochen nicht blicken. „Baumgeister dürfen ihre Wohnungen nicht lange verlassen", erklärte er Maja und Fini. „Wir werden dann sehr schwach und müssen zurück in den Baum, bis wir wieder genug Kraft geschöpft haben."

Die Zimmerpalme schien ihm kaum Kraft zu geben, denn Maja bemerkte voller Sorge, dass der kleine Baumgeist immer blasser wurde.

Fini versuchte, es ihm gemütlich zu machen, und malte Baumbilder, die sie an die Wand hinter die Palme pinnte.

„Damit Tomti sich nicht einsam fühlt", erklärte sie.
Maja war ganz gerührt: Blatt für Blatt entstand in der
Wohnzimmerecke ein richtiger Wald.
„Warum interessiert Fini sich denn plötzlich so sehr für
Bäume?", wunderte sich Papa.
„Ist ein Schulprojekt von Konrad und mir", beeilte sich
Maja zu sagen, bevor Fini sich wieder verplappern konnte.
„Baumbestimmung und so. Und Fini hilft uns."
Mama deutete lächelnd auf den Stadtplan, auf den Maja kleine
Baumsymbole eingezeichnet hatte. „Stehen dort die Stadtbäume?"
Maja nickte. „Wir schauen sie uns zusammen an." Das stimmte.
Inzwischen gingen sie nach der Schule jeden Tag einen anderen
Umweg, um weitere Bäume zu finden. Mit einem blauen
Stift markierte Maja auf dem Plan die Orte, die sie schon
ausgekundschaftet hatten. Dort, wo Einzelbäume standen, hatte sie
rote Kreuze gemacht. Und davon gab es sehr, sehr viele.

Doch als sie an einem sonnigen Märztag zu dritt durch
ein ruhiges Wohngebiet streiften, entdeckten sie an
einem Gehweg fünf Bäume mit weißer Rinde. Wie
bei den Haselsträuchern hingen an den Zweigen gelbe
Gebilde.

„Oh nein!", stöhnte Konrad auf. „Das sind Birken. Gegen
Birkenpollen bin ich auch allergisch."
Tomti dagegen war begeistert, als Maja ihm zu Hause von ihrem

Fund erzählte. „Birken sind toll!", rief er und streckte das rechte
Bein in die Höhe. „Meine Stiefel sind aus ihrer Rinde gemacht."
Am nächsten Tag stürzten sie alle drei gleich nach dem
Mittagessen los, um Tomti abzuholen. „He, wo wollt ihr denn
schon wieder hin?", rief Konrads Mutter ihnen hinterher.
„Zum Spielplatz mit Fini", gab Konrad zurück. Gelogen war das
nicht, denn der Spielplatz lag auf dem Weg.
„Dann nimm deine Allergietropfen mit!", rief Konrads Mutter.
Konrad seufzte und lief zurück, um die Tropfen zu holen. Er tat
Maja wirklich leid. Und Tomti ging es nicht viel besser. Sein Hals
schien zu jucken, denn er rieb immer wieder daran herum.
„Hast du auch Heuschnupfen?", fragte Fini mitfühlend.
„Keine Ahnung." Tomti verzog den Mund. „Vielleicht bekomme
ich von der Palme Grüntau-Flecken. Gehen wir raus an die frische
Luft!"
Blitzweiß strahlten ihnen die Birken vor dem blauen Himmel
entgegen. Ein brauner Vogel mit einem roten Tupfen auf der Brust
flatterte herbei.
„Ah, wie schön, der Borkenklopfer ist ein Rotkehlchen!", sagte
Tomti erfreut. Doch als der Vogel piepste, verschwand Tomtis
freudiges Strahlen. „Die Birke ist schon bewohnt."
„Du meinst, von einem anderen Baumgeist?", fragte Konrad
aufgeregt.
„Mhm", nickte Tomti und lehnte sich missmutig gegen den weißen
Stamm.

„Weg von der Rinde!", schnarrte im nächsten Moment eine herrische Stimme. Maja und Fini sprangen mit einem Schrei zurück. Denn vor ihnen erschien eine dünne Frau mit langen hellgrünen Haaren. Sie hatte eine schneeweiße Haut und trug ein prächtiges Kleid, das aus papierdünnen Streifen von Birkenrinde angefertigt war.
„Ui, die sieht aus wie eine Fee!", raunte Fini Maja zu. Allerdings wie eine ziemlich zornige Fee, fand Maja, denn die Frau packte Tomti an der Jacke und schubste ihn von der Birke weg. „Igitt! Das hat mir noch gefehlt!", zeterte sie. „Grasflecken! Dabei habe ich den Baum erst heute Morgen geputzt."
„Oh ... äh ... Entschuldigung", stotterte Tomti.
Die Baumfrau zog ein blitzsauberes Tuch hervor und begann grummelnd, die Rinde zu polieren. Schließlich sagte sie: „Schon besser!", und steckte das Tuch wieder ein.

Streng musterte sie Tomti. „Ich bin Brigid Birkenblank. Und wer bist du?"

Tomti schluckte. „Ähm ... Tomti."

„Und der Nachname?"

„D...den habe ich vergessen."

Brigid schüttelte ungläubig den Kopf. „Du musst doch wissen, zu welchem Baum du gehörst! Und seit wann sind Baumgeister mit Menschen unterwegs?"

„Wir helfen ihm, ein neues Zuhause zu finden", meldete sich Maja vorsichtig zu Wort.

Brigid runzelte die Stirn. „Nun, diese Birken gehören alle zu mir. Aber ich könnte Hilfe brauchen. Kommt alle mit!"

Kapitel 11: Tomti, das Harzferkelchen

Fini sperrte Mund und Augen auf. „Wir sollen in deine Wohnung mitkommen?", fragte sie schüchtern.

„Äh, wir können uns nicht klein machen", erklärte Konrad. Seine Nase leuchtete zwar schon wieder rot, aber die Allergietropfen schienen zu wirken: Trotz der Birkenpollen hatte er noch kein einziges Mal geniest.

„Natürlich könnt ihr schrumpfen", belehrte Brigid ihn. „Tomti muss nur den Zauberspruch aufsagen. Oder hast du den etwa auch vergessen?"

Der kleine Baumgeist biss sich ertappt auf die Unterlippe.

Brigid rollte genervt mit den Augen. „Alles muss man selbst machen!" Sie holte tief Luft.

„Moment!", wandte Maja ein. „Das Schrumpfen ist doch hoffentlich nicht gefähr..."

Doch da rief Brigid schon: „*Kanatzel! Patzel! Pollipu! Pawuuuuh!*"

Und alles verpuffte in silbernem Glitzerstaub. Maja hatte das Gefühl, in einer Achterbahn nach unten zu sausen. Sie hörte, wie auch Fini und Konrad aufschrien, dann fanden sie sich alle an einem gleißend weißen Ort wieder.

„Das ist ja eine piekfeine Wohnung!", hörte Maja Konrad atemlos japsen.

„Das will ich meinen", sagte Brigid stolz. „Ich putze hier ja schließlich auch den ganzen Tag."

Maja sah sich erstaunt um. Die Wände in dem höhlenartigen, runden Saal waren birkenweiß. Auf zierlichen Stühlchen aus Zweigen lagen als Polster weiße Flaumfedern. Der Tisch war ein flacher Kieselstein. Der Tischläufer war ebenfalls weiß. „Feinste Spinnenseide", sagte Brigid stolz und zupfte mit spitzen Fingern das Tuch zurecht. „Wollt ihr Plätzchen probieren?" Sie deutete auf eine sehr große Schüssel auf dem Tisch, die mit goldgelben Kringeln gefüllt war.

Und Maja wurde klar, dass sie alle tatsächlich winzig klein geschrumpft waren – denn die Schüssel war eine Walnussschale!
„Au ja, Plätzchen!" Tomti wollte zum Tisch hopsen, aber Brigid packte ihn am Kragen. „Nein, du setzt dich nicht auf meine schönen Stühle. Und fass hier nichts an!"
„Hä?", fragte Tomti völlig verdattert. „Warum nicht?"
„Weil du ein Harzferkelchen bist", erwiderte Brigid streng. „Igitt! Was hast du denn da?" Sie spuckte auf ein Putztuch und rieb Tomti einen Schmutzfleck von der Wange.
„Wuäh!", sagte Konrad. „Das macht meine Mutter auch immer."
Auch Maja verzog das Gesicht.

„Hey!", beschwerte Tomti sich. Aber da zupfte ihm Brigid auch schon ein Erdbröckchen von seiner Moosmütze und schob ihn vom Tisch weg. „Setz dich in die Ecke auf den Kieselstein. Der wird nicht so schnell schmutzig."

„Hältst du mich für einen Schmutzfinken?", beschwerte sich Tomti.

„Birkenbewohner müssen immer frisch gewaschen sein", erklärte Brigid streng. „Du musst noch einiges lernen." Sie wandte sich Maja, Fini und Konrad zu. „Greift zu, Kinder!"

Fini und Konrad angelten sich gehorsam einen Kringel aus der Schale. Maja nahm gleich zwei Kringel und warf den größeren von beiden Tomti zu.

„Die sind aber steinhart", hörte Maja Fini flüstern.

„Birkengeister müssen also die Rinde putzen?", fragte Konrad interessiert.

„Na, was denkst du denn?", sagte Brigid. „Wir sind hier nicht in den nordischen Ländern, wo die Birkenwälder von klarem Regen, Schneestürmen und Wind sauber gehalten werden. Nein, in der Stadt müssen Birkengeister im Frühjahr sogar Pollen pusten, damit sich die Birken vermehren können. Und dann der ganze Straßenstaub! Wenn ich die Rinde nicht ständig säubern würde, wäre sie bald grau und fleckig. Deshalb brauche ich ja auch eine Putzhilfe. Dafür würde ich dir auch eine blitzblanke Wohnung in einem der anderen vier Bäume überlassen, Tomti."

„Hm", machte Tomti wenig begeistert.

Fini dagegen war sehr beeindruckt. „Sind alle Baumgeister so fleißig wie du?"

„Wo denkst du hin?" Brigid seufzte. „Die Geister von Nadelbäumen zum Beispiel müssen nur einmal im Jahr die Zapfen von den Bäumen werfen." Sie rollte mit den Augen. „Mit solchen faulen Zapfenschubsern haben wir Birkengeister nichts gemeinsam."

„Besser schubsen als putzen", murmelte Tomti und biss missmutig in seinen Kringel. Es krachte so laut, dass alle zusammenzuckten. Das Plätzchen war so trocken, dass es beim Abbeißen regelrecht explodierte. Bröckchen flogen bis zum Tisch und gelber Staub waberte in der Luft.

„Du Krümelmonster!", schimpfte Brigid sofort los. „Ich habe gerade erst den Boden gefegt!"

Doch erst als Konrad zu niesen begann, wurde Maja voller Schreck klar, woraus die Plätzchen bestanden. „Das sind Pollenplätzchen! Konrad, wir müssen hier raus!"

Konrad hustete nur als Antwort und bekam kaum Luft.

„Moment", rief Brigid. „Das haben wir gleich!" Sie drückte Konrad einen Becher in die Hand. „Trink die Milch!"

„Die ... riecht irgendwie komisch", keuchte Konrad, nahm aber dann schnell einen großen Schluck.

„Komisch?", wunderte sich Brigid. „Das ist allerbeste extrafette Mäusemilch!"

Konrad verschluckte sich und prustete die Milch über das blütenweiße Tischtuch.

„Igitt! Du Kleckertroll!", schimpfte Brigid. „Jetzt reicht es mir aber. *Polli! Pateuch! – Raus mit euch!*"

Ehe Maja es sich versah, standen sie alle vier wieder draußen auf dem Gehweg. Zum Glück in normaler Größe.

„Igitt! Mäusemilch!", meldete sich Fini als Erste zu Wort und kicherte.

Maja lachte auch. „Schmeckt bestimmt lecker!"

„Haha, sehr widdsich", näselte Konrad. „*Hatschi!*"

Tomti drehte sich zur Birke um. „Kaksi Pataksi!", schimpfte er so laut, dass Brigid es garantiert hörte. „Ich will auch gar keine putzige, piekfeine Wohnung! Sondern etwas ganz Einfaches."

Kapitel 12: Jeder braucht Freunde!

Die Wellensittiche schauten interessiert zu, wie Maja auf dem Stadtplan ein dickes rotes Kreuz bei Brigids Birken machte. Ihre Eltern würden gleich nach Hause kommen, aber noch lümmelte Tomti neben Fini und Mopsi auf dem Sofa.

„Langsam wird es schwierig", murmelte Maja.

Fini dagegen schien sich keine Sorgen zu machen. „Ist doch toll, Maja, wir waren in einem Baum!" Sie kicherte los. „Bei *Igitt Birkenblank*!" Dieser Spitzname brachte Maja nun doch zum Grinsen.

„Du kennst doch jetzt den Zauberspruch, Tomti", sprudelte Fini weiter. „Zeig uns mal deine Wohnung, die Zimmerpalme!"

Tomti winkte ab. „Da gibt's nicht viel zu sehen."

Erst als Fini „Doch, doch, doch, doch, doch!" quengelte, gab er sich geschlagen.

„Aber rückt ganz nah zusammen", sagte er. „In der Palme ist es ziemlich eng."

Ziemlich eng? Das ist die Untertreibung des Jahres!, dachte Maja, als sie sich kurz darauf im Inneren der Palme wiederfanden. Maja stieß sich den Kopf an, so niedrig war die faserige braune Decke.

Das einzige Möbelstück war ein Himbeerbonbon, das wohl als Hocker diente. Daneben stand Finis Puppentässchen. Ansonsten gab es nur noch eine zusammengerollte Matte aus geflochtenen Palmenfasern.

„Auweia!", stieß Fini fassungslos hervor. „Hier wohnst du?"

Die Schwestern waren froh, als Tomti sie mit einem „*Polli! Pateuch!*" wieder ins Wohnzimmer beförderte. Im selben Moment schnappte die Haustür auf und ein fröhliches „Hallo, Mädchen!" ertönte.

Tomti verschwand gerade noch rechtzeitig, bevor Mama ins Wohnzimmer kam. „Ich habe ein Geschenk für euch!", rief sie gut gelaunt und zog ein Buch aus der Tasche. „Das ist ein Baumbestimmungsbuch mit Fotos von Borken, Blättern und Blüten."

„Danke, Mama!" Fini umarmte ihre Mutter stürmisch. „Das ist das tollste Geschenk aller Zeiten!"

Mama lächelte. Dann fiel ihr Blick auf den Stadtplan. „Ach ja, und hinter dem Bürogebäude, in dem ich arbeite, habe ich heute etwas für euer Projekt entdeckt." Sie tippte auf eine Stelle, an der noch keine Markierung war. „Hier ist ein kleiner Park. Mit ganz alten Bäumen."

Jetzt sprang auch Maja auf und umarmte ihre Mutter. „Du bist echt die Coolste!", platzte es aus ihr heraus.

Mama lachte verwundert auf. „Und ihr seid ja richtige Baumfans geworden", antwortete sie und gab Maja einen Kuss auf die Nase.

Spät in der Nacht stahl Maja sich noch einmal allein ins Wohnzimmer und klopfte an der Palme. Tomti erschien und rieb sich die Augen.

„Ich habe dir Watte mitgebracht", flüsterte Maja. „Damit kannst du es dir nachts ein bisschen kuscheliger machen."

„Danke, Maja." Der kleine Baumgeist grinste schief und sagte plötzlich: „Es ist nett, dass die großen Federlosen euch hier wohnen lassen." Maja sah ihn völlig verwirrt an.

Tomti aber beugte sich mit geheimnisvoller Miene vor und flüsterte: „Ich glaube, die mögen euch!"

Maja musste sich bemühen, ein ernstes Gesicht zu machen.

„Natürlich", sagte sie. „Sie sind schließlich unsere Eltern!"

Tomti runzelte fragend die Stirn. Und Maja wurde mit einem Mal klar, dass sie ihm noch nie richtig erklärt hatte, was das Wort genau bedeutete. „Fini und ich sind ihre Kinder. Wir stammen von ihnen ab."

Nun war es Tomti, der verwirrt dreinblickte. „Dann sind sie also eure Stammbäume? Wir Baumgeister wachen ja an unserem ersten Lebenstag in unserem Stammbaum auf. Aber mit den Bäumen, von denen wir abstammen, können wir nicht sprechen. Und sie sehen auch ganz anders aus als wir."

Maja lachte leise. „Na ja, bei uns Menschen ist das schon anders. Unsere Eltern sind auch Menschen und zusammen sind wir eine Familie. Das bedeutet, wir haben uns lieb und unsere Eltern passen auf uns auf und beschützen uns."

Tomti runzelte verständnislos die Stirn.

„Menschen leben gerne wie Bäume: gemeinsam, also zusammen", versuchte es Maja in Tomtis Sprache zu erklären. „Und in einer Familie ist man am allerengsten verbunden. Wohnen denn Baumgeister nie mit anderen Baumgeistern zusammen?"

„Normalerweise nicht", erwiderte Tomti.

„Aber es ist doch so schön, Freunde zu haben!", sagte Maja. „So wie Konrad. Zusammen macht alles viel mehr Spaß."

Tomtis Miene hellte sich auf. „Das stimmt!" Aber gleich wurde er wieder sehr ernst. „Seltsam. Wir leben wirklich ganz anders als ihr Menschen. In unseren Bäumen sind wir glücklich und brauchen niemanden sonst."

„Man braucht immer jemanden", widersprach Maja sanft. „Auch ein kleiner Baumgeist wie du braucht Freunde. Die halten nämlich immer zu dir und helfen dir."

Tomti blinzelte erstaunt. „Ich habe Freunde?"

„Na klar!", sagte Maja. „Uns! Wir mögen dich nämlich."

„Meine Freunde", flüsterte Tomti so andächtig, dass Maja warm im Herzen wurde. „Und eine Familie zu sein", fügte er vorsichtig hinzu, „ist bestimmt auch ganz schön."

Der gruselige Ginkgo

Kapitel 13: Die Krähen haben gut lachen

Im April stürmte und regnete es wochenlang. Und als der Regen endlich aufhörte, konnte Fini nicht zum Park mitkommen, weil sie zu einem Kindergeburtstag eingeladen war, und Konrad hatte Sportunterricht.
Also zogen Maja und Tomti allein los.
Der Park lag hinter den Bürohäusern. Das Gras war noch nass vom Regen. Der Wind ließ die Bäume unheimlich rauschen und über den Kronen zogen Krähen krächzend ihre Kreise.
Maja fröstelte es. „Schau mal, Fichten!", sagte sie betont munter.
„Das sind keine Fichten", gab Tomti zurück.
Maja blätterte in ihrem Buch. „Oh stimmt, diese Nadelbäume

heißen Douglasien. Sie können riesengroß werden. Hier steht, der höchste Baum Deutschlands ist eine Douglasie, die über sechzig Meter hoch ist." Sie hob erstaunt die Brauen. „Unser Hochhaus hat zwölf Stockwerke und ist trotzdem nur dreißig Meter hoch." Sie las weiter und kicherte: „Dieser Riesenbaum hat sogar einen Namen: Waldtraut vom Mühlwald. Na, Tomti, wäre die nicht etwas für dich?"

„Nadelbaumwohnungen sind bestimmt viel zu piksig", sagte Tomti. „Aber der da drüben ist schön!" Er marschierte zu einem großen Baum in der Mitte des Parks. Die Blätter sahen aus wie kleine Fächer. Tomti musterte zufrieden die graue, zerklüftete Rinde. „Weder puzzelig noch piekfein noch geputzt." Dann schaute er sich um. „Ruhig, aber nicht einsam."

Maja blätterte schon eifrig. „Das ist ein Ginkgo-Baum. Er kommt aus China und kann mehr als tausend Jahre alt werden. Hier steht, diese Baumart gab es schon zur Zeit der Dinosaurier! Aus Ginkgos macht man Medizin und ... oh! Sie sehen zwar aus wie Laubbäume, aber in Wirklichkeit gehören sie zur Familie der Nadelbäume."

„Was?" Jetzt war auch Tomti verblüfft. „Blattförmige Nadeln?"

„Man nennt den Ginkgo im Volksmund auch Fächerpalme", las Maja weiter. „Für Insekten, Bakterien und Pilze sind Blätter und Rinde giftig. Deshalb muss ein Ginkgo sich nicht vor Schädlingen fürchten. Und auch Autoabgase machen ihm nicht viel aus." Sie klappte das Buch zu. „Das klingt doch prima – und piksig ist der Ginkgo auch nicht."

Die Krähen landeten auf dem Baum und starrten Maja aus schwarzen Augen bedrohlich und stumm an. Plötzlich war ihr mulmig zumute.

„Ziemlich viele Borkenklopfer, oder?", flüsterte sie Tomti zu.

„Kommt vor", erwiderte der Baumgeist. Er räusperte sich und gab ein erstklassiges Krächzen von sich. Sofort begannen alle Krähen, mit den Flügeln zu schlagen und zu zetern.

Maja hielt sich die Ohren zu. „Was sagen sie?", schrie sie gegen das Krächzkonzert an.

Tomti lächelte zufrieden. „Der Baum ist unbewohnt. Sie wünschen uns viel Spaß."

„Bist du sicher?", gab Maja zurück. „Das Krächzen klingt eher … hämisch."

Aber der kleine Baumgeist winkte ab. „Nein, nein. Krähisch klingt immer so komisch."

Maja zögerte, aber dann reichte ihr Tomti die Hand. Maja ergriff sie. Seine Hand war glatt und kühl wie Frühlingsblätter. Und seine grüngoldenen Augen leuchteten voller Vorfreude.

„Da drin ist es bestimmt gemütlich. Bist du bereit?" Er schloss die Augen und sagte: *„Kanatzel! Patzel! Pollipu! Pawuh!"*

Das Krähenkrächzen wurde zu einem Echo und alles zerstob in grüne Funken. Hand in Hand sausten sie …

… und wirbelten …

… und landeten stolpernd …

… in einer kahlen düsteren Gruselhöhle!

Fast wäre Maja auf Knochen getreten, die auf dem Boden der Höhle verstreut waren. Ein weiß gebleichter Schädel mit Nagezähnen lag mitten im Raum. Weil Maja so klein war, war dieser Mäuseschädel erschreckend groß. Aber das Gruseligste waren die Höhlenmalereien an den schwarzen Wänden: haarige Spinnen und krabbelige Käfer!

Maja bekam eine Gänsehaut. „Das ist ja eine Geisterbahn hier!" Ihre Stimme hallte dumpf in der Höhle.

Tomti sah sich verunsichert um. „Sind das etwa … Mäuseknochen?", flüsterte er dann und hob einen Knochen auf. Er war mit seltsamen Zeichen bemalt. „Schau mal, Maja. Das ist das Schulterblatt einer Maus …"

„Ganz toll", sagte Maja hastig. „Können wir jetzt bitte wieder gehen? In den Wänden kratzt es, als würden hier eklige Käfer herumkrie…"

Weiter kam sie nicht, denn der Baum grollte und polterte los, die
Knochen klapperten auf dem Boden und an den Wänden zappelten
plötzlich die gemalten Spinnen! Es raschelte und kratzte und
dann hopste auch noch ein Mäuseschädel auf Maja zu. Kreischend
flüchteten sie in eine Ecke.
Doch bevor Tomti die Zauberformel sprechen konnte, wurden sie
von einem Wirbel ergriffen und ...
... hinausgeschleudert!
„Uff! Autsch!", hörte Maja Tomti rufen, dann landete sie auch schon
bäuchlings auf dem nassen Gras. Die Krähen hüpften auf dem
Ginkgo-Baum herum, nickten mit den Köpfen wie Wackeldackel
und kriegten sich nicht mehr ein. Und man musste kein Krähisch
verstehen, um zu wissen, dass sie sich kaputtlachten.
„Kaksi Pataksi!", regte Tomti sich auf. „Ihr fiesen Federfratzen! Ihr
wusstet es und habt uns nicht gewarnt!"
Maja setzte sich benommen auf. „Was wussten sie?"
„Na, dass der Baum keinen Bewohner will und uns rauswerfen
würde." Zornig sprang Tomti auf. „Aber wer will schon in einer
dunklen Gruselhöhle hausen? Nein, ich will eine helle Wohnung!"

Kapitel 14: Fini mag Mäusemagie

„Die kichernden Krähen hätte ich gerne gesehen!", seufzte Fini am Abend wehmütig. In ihrem Haar hing noch Glitzerpuder vom Geburtstag.
Tomti hockte auf dem Rand der Badewanne und beobachtete interessiert, wie Maja versuchte, die Flecken aus ihrer Jacke zu schrubben. „Was ist so schlimm an Grasflecken?", wunderte er sich. Maja seufzte. „Das kann nur jemand fragen, der eine Grasjacke trägt."
„*Fiep-di-tschiiiep!*", meldete sich Nelson, der auf dem Duschkopf saß. „Er sagt, er findet die Jacke in Grasgrün auch viel hübscher", übersetzte Tomti.
„Das kann nur jemand sagen, der selber grün ist", grummelte Maja. Nun plauderte Nelly los, die auf Tomtis Kopf thronte. Tomti kicherte. „Was sagt sie?", wollte Fini wissen.
Etwas Komisches geschah. Tomti blinzelte, als sei ihm schlagartig etwas eingefallen, dann kramte er hastig etwas Winziges, Weißes unter seiner Jacke hervor.
„Ärgs", entfuhr es Maja. „Du hast den bemalten Knochen mitgenommen?"

„Jetzt weiß ich es wieder!", stieß Tomti aufgeregt hervor. „Das ist ein magischer Mäuseknochen."

„Ooooh." Fini schaute ganz bestürzt drein. „Armes Mäuschen."

Aber Tomti lachte. „Die Maus ist doch schon vor vielen Jahren gestorben. Und jetzt hat sie eine besondere Aufgabe. Halt mal den Knochen, Maja."

Maja verzog das Gesicht. „Nein, danke."

Aber Fini streckte zaghaft die Hand aus. Und als Tomti ihr das Knöchelchen reichte, riss sie verblüfft Mund und Augen auf. Fassungslos starrte sie Nelly an, die eifrig vor sich hinzwitscherte.

„Nelly sagt, sie freut sich schon auf die Silberhirse", stieß Fini hervor. „Und … und jetzt lacht sie gerade und sagt: ‚Schau mal, was für ein komisches Gesicht die kleine Federlose macht.' Maja, Tomti, ich verstehe plötzlich Wellisisch!"

„Nur, wenn du den magischen Mäuseknochen bei dir trägst", erwiderte Tomti. „Und nur, solange ich oder ein anderer Baumgeist in der Nähe ist. Außerdem funktioniert die Magie nur für das Hören. Mit Tieren sprechen kannst du damit ni…"

Doch Fini jubelte so laut los, dass Nelly und Nelson erschreckt aus dem Badezimmer flatterten. Fini flitzte hinterher.

„D…das ist ja unglaublich", stammelte Maja.

Tomti klatschte vergnügt in die Hände. „Ja! Unglaublich, dass ich mich wieder an etwas erinnere! Komm mit!"
Zusammen rannten sie ins Wohnzimmer. Aber bevor auch Maja den Knochen ausprobieren konnte, klingelte das Telefon. Ein atemloser Konrad war dran. „Ich habe gerade etwas entdeckt!", rief er in den Hörer. „Hinter der Turnhalle stehen drei Bäume. Die sind uns noch nie aufgefallen, weil sie nicht höher als die Halle sind und man sie deshalb von vorne gar nicht sieht. Dort könnte Tomti ganz nah bei unserer Schule wohnen!"

Die pfeifende Pappel

Kapitel 15: Tomtis erster Schultag

An einem sonnigen, windigen Maitag nahmen Maja und Konrad Tomti mit in die Schule. Fini war weinerlich, weil sie nicht dabei sein konnte, aber sie drückte Maja beim Abschied tapfer ihre Halskette mit dem kleinen runden Anhänger in die Hand. Der Anhänger ließ sich aufklappen. Und darin lag, sicher in Watte eingepackt, der Mäuseknochen, den Fini immer um den Hals trug. „Ihr müsst mir alles ganz genau erzählen!", sagte Fini und winkte ihnen sehnsüchtig hinterher.
„Dann bis nachher in der großen Pause", raunte Konrad Maja in der Schule zu, bevor er in sein Klassenzimmer ging. Dann war Maja mit Tomti allein. Eigentlich hatte er ja versprochen, im Klassenzimmer

mucksmäuschenstill auf dem Fensterbrett zu sitzen. Aber der kleine Baumgeist war so aufgeregt, dass er das keine fünf Minuten aushielt. Nur Maja sah, wie er während der Schulstunde von Tisch zu Tisch hopste und den Schülern über die Schulter schaute. Und zu allem Überfluss plapperte er pausenlos. Klar, nur Maja konnte ihn schließlich hören.

„Schau mal, Maja, das Kind hier malt die Lehrerin mit Hasenzähnen und Riesenpickeln!", krähte er laut durch das ganze Klassenzimmer. „Und der Junge hier schreibt heimlich Zettelchen! Und – iiiiih! Schau mal, das Mädchen dahinten bohrt in der Nase und isst ihren Pop..."

„Pssst", zischte Maja. „Halt einfach mal den Mund!"

„Wie bitte, Maja?", fragte Frau Hackmann, die Mathelehrerin. „Hast du eben gesagt, ich soll den Mund halten?"

Maja schoss das Blut heiß in die Wangen. „Äh, nein, ich meinte gar nicht Sie …"

„Wie wäre es, wenn du an die Tafel kommst und weiterrechnest?", unterbrach Frau Hackmann sie streng. Majas Mitschüler begannen zu kichern – und am allerlautesten kicherte Tomti!

„Das war überhaupt nicht lustig, du Plapperschnabel!", schimpfte Maja in der Pause. Aber Tomti hüpfte wie ein Gummiball über den Pausenhof und winkte Konrad zu, der schon angerannt kam.

„Kaksi Pataksi, Schule ist toll!", rief er Konrad zu. „Ich habe noch nie einen so lustigen Ort erlebt! Sobald ich hier um die Ecke wohne, komme ich jeden Tag zu euch ins Klassenzimmer."

„Na, das kann ja heiter werden", murmelte Maja.

Kapitel 16: Konrad fährt Achterbahn

Die drei Bäume hinter der Turnhalle wuchsen lang und gerade wie Speere in die Höhe. „Hell und luftig", lobte Tomti. „Wie heißen die?"

Konrad blätterte im Baumbuch, während Maja ein Blatt vom Boden aufhob. Es hatte eine rundliche Form, einen sehr langen, flachen Stiel und der Blattrand hatte kleine Zacken.

„Das sind Espen", meldete sich Konrad zu Wort. „Hier steht, Espenblätter sind das Lieblingsessen von Schmetterlingsraupen." Maja legte den Kopf in den Nacken. „An den Zweigen hängen kleine haarige Dinger."

„Das sind die Früchte", erklärte Konrad fachmännisch.

„So wie Kirschen bei einem Kirschbaum?", fragte Maja.

Konrad nickte und las weiter. „Die Härchen an den Früchten dienen dazu, dass die kleinen Samen vom Wind ganz weit fortgeweht werden können ... huch!" Ein Windstoß verblätterte die Seiten vor seiner Nase.

„Hey, Moosmütze!", zwitscherte ein helles Stimmchen. „Was geht?" Eine Blaumeise landete vor ihnen auf einem Ast. Maja strahlte. Der Mäuseknochen funktionierte wirklich! Sie verstand das Vogelpiepsen ganz genau und ebenso Tomtis lässige Antwort auf Meisisch: „Hey-ho, Federbällchen! Ich such 'ne Wohnung. Wie sieht's aus?"

Die Meise schwirrte pfeilschnell davon, klopfte an alle drei Stämme und flatterte wieder zurück.

„Alles rein und fein!", sang sie.

„Keiner da, keiner drin, nichts wie hin!"

Konrad hatte die Nase wieder ins Buch gesteckt. „Hier steht übrigens noch, dass Espen ..."

Aber Tomti jubelte: „Juhuu!", dann wirbelte die Zauberformel sie schon in den Baum. Sie landeten in einem lichten, luftigen Raum mit sehr hohen Decken.

„Das ist ja ein richtiger Palast!" Maja strich andächtig über eine seidenglatte, silbrige Wand. Der Boden schimmerte blaugrün und hatte ein Espenblatt-Muster. „Es gibt keine Möbel hier, das heißt, hier hat noch nie jemand gewohnt."
Tomti nickte und schnupperte genießerisch. „Es riecht schön frisch nach Wind und Wolken. Ja, hier gefällt's mir. Ich ziehe ein!"
„Juhuu!", jubelte auch Maja. „Wir haben endlich ein Zuhause für dich!"
Konrad lauschte stirnrunzelnd, als würde er auf ein Geräusch warten, aber dann nahm er seinen Rucksack ab und grinste in die Runde: „Das müssen wir feiern."
Kurz darauf saßen sie auf dem Fußboden der Wohnung. Konrad hatte Becher und Teller dabei. Alles, was Tomti essen und trinken konnte, hatte Maja mitgebracht: Apfelsaft, Walnüsse, Mandeln und Bananen, die Tomti dick mit Haselnusscreme bestrich.
Maja hob feierlich ihren Becher. „Auf unseren Espengeist!" Konrad und Tomti stießen lachend mit ihr an. Doch als sie trinken wollten, traf ein kräftiger Windstoß den Baum. Der Boden begann zu zittern. Apfelsaft schwappte ihnen über Kinn und Hände. Dann begann die ganze Wohnung zu beben. Teller klapperten, Mandeln hüpften wie wild gewordene Flöhe über den Boden. Immer lauter heulte und pfiff der Wind! Dazu rauschte nun ein Flüstern und Wispern durch die Wohnung, das einen ganz schwindelig machte.

„Hui!", hörte Maja Konrad lachend rufen. „Tolle Achterbahn-Wohnung, Tomti!"

Maja dagegen wurde bei dem Beben nur übel. Und auch Tomti war plötzlich erbsengrün im Gesicht. „P... P... Polli... Pa... Pa... Pateuch!", brachte er ratternd heraus, dann taumelten sie schon über das Gras. Über ihnen fuhr der nächste Windstoß in die Espen und brachte die Blätter zum Zittern und Flirren.

„Warum hast du uns rausgezaubert?", beschwerte sich Konrad. „Das war doch lustig! Und jetzt geht es doch erst richtig los!"

„Örgs", machte Tomti und schlug sich die Hand vor den Mund.

„Wie soll er denn in so einer Wohnung leben?", sagte Maja mit schwacher Stimme.

„Aber die Espe zittert doch nur, wenn es windig ist", wandte Konrad ein. „Sie heißt deshalb auch ‚Zitterpappel', das wollte ich euch vorhin noch sagen. Die langen Stiele der Blätter bewegen sich besonders stark im Wind. Darum sagt man ja auch: ‚Er zittert wie Espenlaub', wenn jemand richtig heftig zittert."

„Gut zu wissen", würgte Tomti hervor. „Ich brauche nämlich eine Wohnung, die nicht wackelt, wenn der Wind pfeift. Nichts wie weg hier!"

Kapitel 17: **Auf ins Grüne!**

Die Wochen vergingen.

Inzwischen war es schon Frühsommer. Mama und Papa staunten über die Kunststücke, die Nelly und Nelson machten, wenn Fini ihnen etwas zupfiff. Sie wussten ja nicht, dass Fini ein paar Worte Wellisisch gelernt hatte.

Auf Majas Stadtplan aber sammelten sich rote Kreuze. Zu viele Stadtbäume standen vereinzelt an großen Straßen und die Bäume, die in Gruppen wuchsen, waren alle schon bewohnt. Die meisten Geister ließen sich nicht einmal blicken, um Guten Tag zu sagen. Und überall gab es Hunde.

An Tomtis Hals zeichneten sich inzwischen grüne Punkte ab, die fies kribbelten und ihm die Laune verdarben. Fini fand heraus, dass ein Tropfen Minzöl das grüne Kribbeln linderte.

„Prima, jetzt ist Tomti ein Pfefferminzbonbon auf zwei Beinen", spöttelte Konrad.

Aber Fini versorgte Tomti auch noch mit einem duftenden Pfefferminzteebeutel, den er als Kopfkissen benutzte.

Eines Tages kam sie mit glühenden Wangen aus dem Kindergarten gestürmt. „Ich weiß, wo wir einen Tomtibaum finden!" Sie hielt Maja und Konrad ein Bilderbuch vor die Nase.

„Ferien auf dem Bauernhof", las Maja vor.

„Da müssen wir mit Tomti hin", erklärte Fini. „Dort gibt es Kälbchen und Kätzchen und ganz viele Bäume."

„Aufs Land?", überlegte Maja. „Dafür müssen wir aber aus der Stadt hinausfahren."

Plötzlich schlug sich Konrad mit der Hand an die Stirn. „Natürlich! Warum habe ich nicht schon längst daran gedacht? Mein Onkel und meine Tante sind letztes Jahr in ein Dorf gezogen. Da finden wir garantiert einen Baum für Tomti!"

Konrad strahlte und Fini jubelte sofort los. Aber Maja zögerte. „Wie weit ist das Dorf denn weg?"

„Nur eine halbe Stunde mit dem Auto." Doch dann verlosch Konrads Lächeln. „Oh. Das heißt, Tomti würde ganz schön weit weg wohnen."

„Oh!", sagte auch Fini und sah plötzlich ganz erschrocken drein.

Betretene Stille machte sich breit. Doch schließlich straffte Maja die Schultern und sagte schweren Herzens: „Es hilft ja nichts. Tomti geht es immer schlechter in der Zimmerpalme. Er braucht dringend einen Baum, der zu ihm passt." Und da Fini schon ganz schwer schluckte, fügte sie noch tröstend hinzu: „Bestimmt können wir Tomti auf dem Land besuchen."

Die lustige Linde

Kapitel 18: Willkommen im Dorf!

Fini hatte Tomti davon überzeugt, dass Autodrachen keine Baumgeister fraßen. Aber als er – unsichtbar für die Erwachsenen – zwischen Fini und Maja auf dem Rücksitz saß, wagte er kaum zu atmen.

„Schaffst du es wirklich, so lange ohne die Palme auszukommen?", flüsterte Maja ihm zu.

Tomti nickte und versuchte zu lächeln, obwohl er ganz blass war. „Das geht schon."

Fini drückte ihm die Hand.

Und auch Maja war ganz gerührt. Tomti war wirklich der tapferste kleine Kerl, den sie kannte!

„Ich verstehe es immer noch nicht", meldete sich Konrads Mutter vom Fahrersitz zu Wort. „Bisher fandest du es doch immer so langweilig, zu Onkel Gustav und Tante Hetti aufs Land zu fahren, Konrad, und jetzt willst du dort sogar übernachten?"
„Ja, das wird toll!", rief Fini nach vorne und spielte gut gelaunt mit Mopsis Ohren. „Auf dem Land ist nämlich alles wunderschön. Die Bienen summen und es duftet nach Blumen, Gräsern und Heu."
Konrads Vater lachte. „Hatschi!, sag ich nur."
„Schon okay, Papa", erwiderte Konrad lässig. „Käpt'n Schnupf lässt sich von ein paar Pollen nicht einschüchtern!"
Maja lächelte. Und Konrad war der tapferste *große* Kerl, den sie kannte!
Umgeben von sanften Hügeln lag das Dorf zwischen wogenden Wiesen und noch grünen Weizenfeldern. Und schon aus dem Autofenster sah Maja Bäume, die in Gärten und an den Feldwegen wuchsen. Vor Aufregung war sie ganz hibbelig, als sie endlich vor einem Bauernhaus mit blauen Fensterläden hielten. Konrads Onkel und seine Tante warteten schon am Gartentor. Der Onkel trug eine dicke Brille, genau wie Konrad, und war ebenfalls sehr dünn. Die Tante dagegen war rundlich, blond und hatte ganz rote Wangen.
„Willkommen, Kinder!", rief sie. „Wie schön, dass ihr uns besucht!"
Maja gab ihnen artig die Hand und versuchte, nicht zu deutlich die Nase zu rümpfen. Auch Fini schnupperte misstrauisch. „Hier stinkt es aber", platzte sie heraus.
Onkel Gustav lachte. „Ja, das ist der Misthaufen unseres Nachbarn",

erklärte er. „Er züchtet Schweine. Und wenn der Wind in unsere Richtung weht, riecht man das."

In der Küche duftete es dafür umso köstlicher: nach frisch gebackenem Rhabarberkuchen. Maja steckte Tomti heimlich ein Stückchen zu, während Konrads Familie Neuigkeiten austauschte. „Ich habe schon einen Baum gesehen", flüsterte der Baumgeist aufgeregt. „Einen ganz großen, mit richtig dickem Stamm. Ich wette, der wackelt auch bei Sturm kein bisschen."

Kapitel 19: Blut schmeckt gut!

Tomti war ganz hibbelig. Erst dauerte es den halben Nachmittag, bis Konrads Eltern wieder nach Hause fuhren. Und dann wollte Onkel Gustav den Kindern auch noch unbedingt das Dorf zeigen. Es blieb den Freunden nichts anderes übrig, als brav hinterherzustapfen – verfolgt von neugierigen, gackernden Hühnern. Der Weg führte an einer Wiese vorbei, auf der das Gras kniehoch wogte.

Fini blieb stehen. „Was ist denn mit den armen Bäumen passiert?" Sie deutete auf zwei dünne Baumstümpfe, die aus dem Gras ragten. „Die sehen aus wie zwei angespitzte Bleistifte!"

„Das waren die Biber", erklärte Onkel Gustav. „Die leben hier am Bach. Sie haben so kräftige Nagezähne, dass sie damit Bäume fällen können!"

„Diese pelzigen Baumfresser!", hörte Maja Tomti schimpfen. Maja zuckte zusammen, als ein ohrenbetäubendes Dröhnen einsetzte.

„Das ist nur die Häckselmaschine von Bauer Klaus!", rief Onkel Gustav gut gelaunt.

Tomti hielt sich die Ohren zu „Kaksi Pataksi!", schrie er gegen den Lärm an. „Hier ist es ja noch lauter als in der Stadt!"

Kaum machte der Häcksler eine Pause, schrie Konrad auf. „Autsch! Mich hat was gestochen!"

„Iiih!", quietschte Fini. „Mich auch!"

Schon waren sie alle drei in eine summende Wolke von Stechmücken geraten und schlugen um sich.

Onkel Gustav lachte nur. „Die kommen vom Dorfteich. Die Schnaken legen ihre Eier darauf ab und daraus schlüpfen Larven, die sich dann im Wasser zu Mücken entwickeln."

„In meinem Bilderbuch war das Land viel schöner!", beschwerte sich Fini. Sie nahm die Mäuseknochen-Kette ab und drückte sie Maja in die Hand. „Trag du den Knochen. Das ist ja nicht auszuhalten!"

Und dann hörte Maja ihn auch schon, den nervigen, aufdringlichen Gesang, so hoch und laut wie hundert Zahnarztbohrer: „*Blut, Blut, das schmeckt gut!*", summten die Stechmücken im Chor.

Doch als sie wenig später am Dorfplatz ankamen, war aller Ärger vergessen. Denn Tomti stieß einen Jubelschrei aus. „Den Baum habe ich vorhin von Weitem gesehen!"

Majas Herz machte einen freudigen Satz. „Ist der schön!"

Der Baum musste uralt sein. Selbst Fini, Maja und Konrad gemeinsam hätten den dicken, knorrigen Stamm nicht umfassen können. Die Äste voller großer, herzförmiger Blätter ragten weit in den Himmel und die kugelige Krone überspannte fast den ganzen Dorfplatz. Gelbe Blüten verströmten einen honigsüßen Duft. Und den Baumstamm umgab eine Sitzbank.

„Darf ich vorstellen: unsere Dorflinde", erklärte Onkel Gustav stolz. „Eine Sommerlinde, sie ist jetzt im Juni in voller Blüte."

„Und so viele Bienchen!", freute sich Fini. Tatsächlich: Überall wimmelten Bienen mit dicken Pollenhöschen. Doch sie summten so wild durcheinander, dass Maja kein Wort verstehen konnte.

„Bienen lieben Lindenblüten", sagte Onkel Gustav. „Und Blattläuse saugen gern an den Lindenblättern herum. Deshalb würde ich nie unter einer Linde parken, sonst ist das Auto danach ganz von Zuckertröpfchen verklebt, die die Läuse fallen lassen."

„Läusepipi?" Konrad schüttelte sich und sein Onkel lachte.

„Dafür feiern wir hier unter der Linde viel", erzählte er weiter. „Es ist eine alte Tradition in vielen Dörfern."

„Toll!", hörte Maja den kleinen Baumgeist ausrufen. „Eine lustige Feierlinde!"

„Ich dachte, du willst einen ruhigen Baum?", neckte sie ihn leise.

„Und keinen Einzelbaum?", raunte Konrad ihm zu.

„Ja ... äh ... schon", stotterte Tomti, „aber *zu* ruhig ist ja auch langweilig. Und da drüben in den Gärten stehen kleine Linden. Ganz einsam ist es hier also nicht."

„Autsch!", kreischte Fini plötzlich. „Hier wachsen ja Brennnesseln!" Sie rieb sich die Wade.

„Keine Sorge, Fini", sagte Onkel Gustav beruhigend. „Das gibt nur eine kleine Schwellung."

Doch zu Majas Überraschung sagte Fini: „Ich will trotzdem lieber nach Hause gehen. Bringst du mich zurück, Onkel Gustav?"

„Ich komme mit", rief Maja sofort. „Konrad ... kann ja noch hierbleiben." Beinahe hätte sie gesagt: Konrad und Tomti.

Aber ihre kleine Schwester schüttelte den Kopf. „Bleib nur, ihr sollt euch doch alle den Baum anschauen."

Kapitel 20: Honigsüße Lindengrüße

Kaum war Fini mit Onkel Gustav verschwunden, pfiff Tomti einen gelbgrünen Vogel mit grauen Flügelspitzen heran. „Hallo, Grünfink! Wohnt hier ein Baumgeist?"

„Blöde Frage", zwitscherte der Fink. „Weiß doch jeder, dass die Linde baumgeistfrei ist."

„So wie der Ginkgo?", raunte Maja Tomti warnend zu.

„Hat die Linde etwas gegen Baumgeister?", fragte Tomti.

„Hä?", trällerte der Fink. „Nö. Wieso sollte sie?"

Tomti strahlte. „Dann auf in meine neue Wohnung!" Er sprach den Zauberspruch so schnell, dass Maja und Konrad regelrecht davongewirbelt wurden ...

... und knietief in einem klebrigen Sumpf landeten!

„W...was ist das?", rief Konrad. Bei jeder Bewegung sank er tiefer ein. Auch Maja zappelte hilflos wie eine Fliege, die in Honig gefallen war. Und als ein wohlbekannter Duft ihr in die Nase stieg, wurde ihr klar, dass es wirklich Honig war! Überall um sie herum klebten Honigwaben an den Wänden, und da sie bei ihrer Landung einige davon beschädigt hatten, floss nun der Honig zu einem goldenen Tümpel zusammen.

„Kaksi Pataksi!", rief Tomti. „Hier drin wohnt *doch* jemand: Wildbienen!"

Ein wütendes Summen setzte ein.

„Eindringlinge!", gellte es von allen Seiten. „Räuber! Honigdiebe!"

„*Polli! Pateuch!*", brüllte Tomti. Der Zauberspruch wirkte – die Freunde begannen sofort zu wachsen. Nur leider klebten sie immer noch fest!

Maja wurde vor Schreck ganz schlecht, als sie spürte, wie sie wuchs, während der Zauber an ihr zerrte wie ein Gummiseil.

„Die wollen abhauen!", summte es schon gefährlich nah.

Mit einem verzweifelten Strampeln bekam Maja endlich die Füße frei und purzelte aus dem Baum, dicht gefolgt von Konrad und Tomti.

„Auf sie mit Gebrumm!", ertönte ein zorniges Summen dicht hinter ihnen.

Aber da rannten Maja, Konrad und Tomti schon, so schnell sie konnten, verfolgt von dem ganzen wütenden Schwarm.

„Nach Hause schaffen wir es nicht!", keuchte Konrad.

Doch da sah Maja zwischen Bäumen und Zäunen etwas glitzern und hörte eine Biene rufen: „Iiih! Sie laufen zum Wasser! Das mögen wir gar nicht!"

„Mir nach!", rief Maja. Als ein flacher Dorfteich in Sicht kam, rief sie „Springt!" und landete mit den Füßen im Schilf. Konrad und Tomti sprangen ihr nach. „Unverschämtheit!", schnatterten ein paar Enten empört los. „Was soll das?"

Doch voller Erleichterung hörte Maja eine Biene verärgert brummen: „Vorsicht, Spritzwasser! Abdrehen, Mädels!"

Die unkende Ulme

Kapitel 21: Heulende Eulen

Grummelsummend war der Bienenschwarm zur Linde zurückgeflogen. Und Maja, Tomti und Konrad saßen im flachen Uferwasser und sahen zu, wie sich die Enten laut quakend unter die ins Wasser hängenden Zweige einer Trauerweide flüchteten.
„Wieso erschröckt ihr die armen Önten?", murrte eine tiefe Stimme.
Maja sah sich um. Neben der Trauerweide standen zwei weitere Bäume. Der linke war noch klein, schlank und hatte eine glatte schwarzbraune Rinde mit hellen Punkten, der rechte war alt und knorrig. Vor genau diesem Baum stand ein hagerer Baumgeist, dessen silberweißer Bart bis zum Boden reichte.

„Weidemar? Leni?", rief er. „Habt ihr gesöhen, was die drei mit unseren Önten gemacht haben?"

„Allerdings, Uju." Neben der Weide erschien ein jüngerer Baumgeist mit hellbraunem Langhaar und schwermütigen Augen. Er trug ein blassgrünes, bodenlanges Gewand, das aus Weidenblättern gefertigt war.

„Die Tiere sind völlig aufgescheucht", erklang eine weitere vorwurfsvolle Stimme. Vor dem jungen Baum mit der dunklen Rinde tauchte ein Mädchen mit schwarzem Haar und ebenso schwarzer Kleidung auf. Sie trug Hosen und graue Rindenstiefel.

„Wir sind nur vor den Bienen geflüchtet", erklärte Tomti und fischte seine Mütze aus dem Wasser.

Der bärtige Griesgram schüttelte missbilligend den Kopf. „Ihr Torfköpfe habt euch in die Lönde gewagt?"

„Ich habe den Grünfinken gefragt, ob ein Baumgeist darin wohnt, und er sagte Nö!", rechtfertigte sich Tomti.

„Es lebt ja auch kein Baumgeist in der Linde", schnaubte das Mädchen. „Aber jeder Blindkäfer merkt doch schon am Klopfgeräusch, dass der Stamm hohl ist."

„Und in hohlen Bäumen leben nun mal Insekten oder Tiere", setzte der Weidengeist, der Weidemar hieß, mäkelig hinzu.

„Ts, ts, ts", machten alle drei tadelnd und schüttelten die Köpfe.

„Wie sind die denn drauf?", flüsterte Konrad Maja zu. Die Enten waren aus der Deckung gekommen und spähten neugierig zu ihnen herüber.

„Habt ihr einen besseren Vorschlag für einen Baum?", fragte Maja. „Unser Freund Tomti sucht nämlich einen."
„Na, von Bäumen, die so wie meine Erle gerne nah am Wasser leben, lässt du besser die Finger, Tomti", sagte das Baumgeistmädchen. „Wir Uferbaumgeister haben nämlich die Aufgabe, Wasservögel zu beschützen."

„Auch die Unken brauchen Ruhö", setzte Uju hinzu. „Unter meiner Ulme lebt eine ganz große im feuchten Wurzelwerk. Die hasst Lörm und Aufrögung."

„Und wir müssen die Biber fernhalten", sagte Weidemar schwermütig und seufzte abgrundtief. „Eine schwierige, undankbare Aufgabe."

„Ganz zu schweigen von dön Ulmensplintkäfern, die sich durch die Borke frössen!", stöhnte Uju.

Maja runzelte die Stirn und Konrad blies die Backen auf. Das war ja wirklich eine tranige, miesepetrige Gesellschaft! Ein fedriges, weiches Flüstern von Schwingen erklang. Eine riesenhafte Eule, von deren Kopf zwei Federbüschel wie Ohren abstanden, landete auf einem Ast der Erle.

„Ein Uhu", flüsterte Tomti beeindruckt.

„Tag, Bubo", grüßte Leni den Uhu. „Schon gehört, was bei der Linde los war?"

„Das ganze Dorf spricht darüber", nuschelte Bubo. „Ich wollte mir die Rabauken mal anschauen."

„Rabauken?" Tomti schüttelte den Kopf, dass das Wasser nur so aus seinen Haaren spritzte. „Ich suche doch nur einen neuen Baum." Er schaute zu dem Uhu hoch und grinste verschmitzt: „He, kennst du den? *Was sitzt auf einem Baum und schluchzt? – Eine Heule!*"

Konrad und Maja kicherten. Der Uhu blinzelte nur verwirrt. Und die Baumgeister schauten so ratlos drein, als würden Konrad Seifenblasen aus dem Mund ploppen.

„Aber ... aber ös heißt doch *Eule*", sagte Uju lahm.

„Und die können gar nicht schluchzen", ergänzte Leni todernst.

Konrad schlug sich fassungslos mit der flachen Hand an die Stirn.

„Das war ja auch ein Witz", erklärte Tomti. „Was ist los mit euch? Kennt ihr etwa keine Witze?"

„Ich habe auch einen!", rief Konrad. *„Was sitzt auf dem Baum und winkt? – Ein Huhu!"*

Tomti und Maja gackerten gleichzeitig los. Die Wasserbaumgeister aber sahen sie völlig verständnislos an.

„Was ist ein Keks unter einem Baum?", meldete sich nun Maja zu Wort. *„Ein schattiges Plätzchen!"*

Jetzt prusteten sie alle drei los.

„Was ist glücklich, grün und hüpft von Grashalm zu Grashalm?", platzte Konrad heraus. *„Eine Freuschrecke!"*

„Wahaaa!", kreischte Tomti.

„Und was lebt im Wald und ist himbeerrot, groß und gefährlich?", japste Maja mit letzter Kraft.

„Ein Himbär!", riefen Konrad und Tomti lachend über den ganzen Teich. Und dann kicherten sie alle drei, hüpften im Uferwasser herum und spritzten sich kreischend nass, umpaddelt von schnatternden und flatternden Enten. „Endlich mal was los hier!", quakten sie begeistert.

„Die sind ja völlig plömplöm", hörte Maja Uju noch beleidigt brummeln. Dann waren alle drei Baumgeister verschwunden. Und auch der Uhu hatte sich davongemacht.

Der heilsame Holunder

Kapitel 22: Majas Märchenstunde

„Holla, die Waldfee!", rief Onkel Gustav, als Maja und Konrad mit nassen, honigverklebten Hosen in die Küche kamen. „Was ist denn mit euch passiert?"
„Upsi", machte Fini und prustete los vor Lachen.
„Oje", sagte Tante Hetti. „Zieht euch um, ich mache euch derweil einen leckeren Lindenblütentee."
„Alles, nur das nicht", platzte Konrad heraus und Maja kicherte. Doch die gute Laune verging ihnen schon bald. Denn als sie sich umgezogen hatten und noch einmal zu viert loszogen, stellten sie fest, dass sich Nachrichten im Dorf wirklich rasend schnell verbreiteten.

Sie fanden zwar Buchen mit silbrigen, glatten Stämmen und eine Ansammlung von hübschen Ahornbäumen. Auch Eschen mit gefiederten Blattwedeln wiegten sich im Wind.
Aber die meisten Bäume waren auch hier schon bewohnt. Und kein Baumgeist wollte Tomti in der Nachbarschaft haben – alle hielten ihn für einen Rabauken und lästigen Unruhestifter!
Zu allem Überfluss hatte Konrad in der Bienenlinde wohl zu viele Pollen abbekommen. Er hustete und schniefte so heftig vor sich hin, dass er sich schon früh ins Bett legen musste.
„Vielleicht übernachtest du lieber im Zitronenbäumchen, das auf der Terrasse steht?", schlug Maja vor, als sie sah, wie sich Tomti an seinen grünen, juckenden Halspunkten kratzte.
Der Baumgeist schüttelte den Kopf. „Ich bin doch kein Sauergeist", maulte er so miesepetrig, als hätte Uju ihn angesteckt. „Kaksi Pataksi! Von Bäumen habe ich für heute genug!"
Stattdessen kuschelte er sich am Fußende von Finis Bett ein und Maja erzählte ihnen Märchen, bis beide eingeschlafen waren. Bevor Maja das Licht löschte, betrachtete sie den kleinen Baumgeist. Ohne seine Mütze und mit der Decke, die er sich bis ans Kinn hochgezogen hatte, sah er fast aus wie ein kleiner Menschenjunge.

Kapitel 23: **Besuch um Mitternacht**

Der Sommerwind strich durch das offene Fenster. Draußen zirpten die Grillen ein beruhigendes Nachtlied. Doch sosehr Maja es auch versuchte, sie fand keinen Schlaf. Viel zu groß war ihre Sorge um Tomti.

„Kannst du nicht schlafen, Maja?", fragte eine freundliche Stimme. Maja fuhr hoch. Auf dem Fensterbrett saß eine Frau mit braunen Locken und sanften Augen. Von ihrem weißen Kleid, das aus winzigen sternförmigen Blüten bestand, ging ein sanftes Mondleuchten aus. „Wer bist du?", flüsterte Maja.

„Holla Holundra", stellte die Frau sich vor. „Hast du den Doldenduft noch gar nicht wahrgenommen?" Sie strich sich über den Rock aus Sternblümchen und das Zimmer füllte sich mit schwerem, süßem Duft. „Ich wohne schon seit Ewigkeiten in dem alten Holunder hinter diesem Haus. Aber noch nie habe ich gesehen, dass sich drei Menschenkinder so freundlich um einen Baumgeist kümmern." Sie deutete auf Tomti, der im Schlaf lächelte.

„Natürlich helfen wir ihm", gab Maja zurück. „Tomti ist doch unser Freund."

Die Baumgeistfrau lachte. „Und was für ein Freund das ist! Er ist ganz schön maulig, es ist sicher nicht immer leicht mit ihm."

„Er hat es ja auch nicht leicht", verteidigte Maja ihn sofort. „Außerdem dürfen Freunde auch mal maulig sein. Richtige Freunde halten trotzdem immer zusammen!"

Hollas Leuchten schien heller und wärmer zu werden. „Ihr drei habt ein gutes Herz. Und du kümmerst dich besonders um alle."

„Ist doch logisch", sagte Maja leise. „Auf Fini *muss* ich ja aufpassen, schließlich bin ich ihre große Schwester. Konrad hat diesen fiesen Heuschnupfen und die anderen Kinder machen sich in der Pause immer lustig über ihn. Nur wenn ich dabei bin, hat er Ruhe. Und für Tomti müssen wir unbedingt einen Baum finden, sein Jucken wird immer schlimmer!"

„Verstehe." Holla nickte lächelnd. „Vielleicht kann ich ja helfen. Oben auf dem Hügel hinter dem Dorf steht eine Streuobstwiese. Die Baumgeistfrau, die dort alles organisiert, heißt Mela Apfelrot. Ich schicke morgen meinen Grünspecht mit einer Empfehlung zu ihr. Vielleicht hat sie ja für Tomti noch einen freien Platz in einem Apfelbaum."

„Das machst du für uns?" Maja strahlte. „Danke, Holla!"

Die Baumfrau betrachtete sie mit leuchtenden Augen. „Tomti könnte keine besseren Freunde als euch drei haben", raunte sie dann mit weicher Stimme.

„Schlaf gut, Maja! Und ich werde Hetti und Gustav einflüstern, dass sie euch morgen Holunderdolden zum Frühstück machen."
„Wir sollen Holunderblüten essen?", fragte Maja noch. Aber das Fensterbrett war plötzlich leer.

Kapitel 24: Hollas Geschenk

Am nächsten Morgen hätte Maja schwören können, dass sie alles nur geträumt hatte. Doch in der Küche rührte Tante Hetti einen hellen Teig an und Onkel Gustav tauchte duftende Dolden voller Sternblüten hinein, bevor er sie in einer Pfanne buk. „Guten Morgen, Kinder! Zum Frühstück gibt es Holunderküchlein." Er deutete aus dem Küchenfenster. Im Garten stand Hollas Strauch in voller Blütenpracht.

„Wir essen Blumen?", wunderte sich Fini. Aber sie war die Erste, die eine gebackene Dolde kostete. „Schmeckt ganz fein und süß!" Auch Maja ließ die knusprige Köstlichkeit auf der Zunge zergehen.

Nur Konrad winkte mürrisch ab. „Hap gein Hunger", nuschelte er. Er sah wirklich schlimm aus mit seinen verquollenen Augen. Und auch Tomti, der neben Fini saß, war nur damit beschäftigt, sich den Hals mit den juckenden grünen Punkten zu kratzen.

„Los, wenigstens probieren!", befahl Tante Hetti und schob Konrad einen Teller hin. „Holunder ist etwas ganz Besonderes: Der Saft aus den Beeren hat viel Vitamin C und aus der Rinde gewinnt man Tee gegen Fieber und Erkältungen. Früher waren die Holundersträucher so eine Art Dorfapotheke."

Tomti mopste sich mürrisch ein Stück Dolde von Konrads Teller. Die beiden mümmelten eine Weile vor sich hin. Fini nahm noch eine zweite Portion. Und dann geschah etwas Seltsames.
„Oh", sagte Fini. „Meine Brennnesselbeulen sind ja weg."
Konrad blinzelte. „Komisch. Meine Augen jucken gar nicht mehr." Er schniefte. „Und meine Nase ist plötzlich nicht mehr zugeschwollen."
Tomti hatte aufgehört, sich zu kratzen. „Bei mir juckt auch nichts mehr!"
Maja schaute zum Fenster und nickte Holla mit einem strahlenden Lächeln zu. Zwar zeigte sich die Baumgeistfrau nicht, aber Maja war sich sicher, dass Holla sah, wie sie mit den Lippen nun ein inniges „Danke" formte.

Kapitel 25: **Tomti soll rechnen**

Gleich nach dem Frühstück wanderten sie los, begleitet von Hollas Buntspecht. Der Weg führte sie zu einer steil ansteigenden Wiese voller knorriger Apfelbäume. Konrad trug heute den magischen Mäuseknochen.
„Der Specht sagt, Mela Apfelrot wartet bereits auf uns", übersetzte er gerade, als die Baumgeistfrau auch schon herbeiwirbelte. Ihre roten Locken strahlten in der Morgensonne und ihre Augen waren goldgrün wie die von Tomti. „Da ist ja unser neuer Arbeiter", begrüßte sie ihn. „Willkommen in deinem Zuhause!"
Wenige Augenblicke später fanden sie sich in einem Apfelbaum wieder.

Verdutzt blickte Maja auf mehrere karge Schlaflager aus Blättern.

„Deine Mitbewohner sind schon bei der Arbeit, Tomti", erklärte
Mela. „Kurz vor Sonnenaufgang klopfen auf der Apfelwiese
nämlich die Wurmwecker."

„Wurmwecker?" Tomti blinzelte verwirrt. „Mitbewohner? Arbeit?"

„Oh, oh", flüsterte Konrad.

„Hat Holla das nicht erzählt?", fragte Mela verwundert. „Wir
Apfelgeister leben in Wohngemeinschaften und stehen früh auf.
Schließlich haben wir viel zu tun. Zwei deiner Mitbewohner sind
für das Polieren der Äpfel zuständig und der Kollege hier", sie
deutete auf ein Bett, „kümmert sich darum, dass die Borkenkäfer
nicht zu viel Schaden anrichten."

„Gibt es denn keine anderen Aufgaben für Tomti?", ergriff Maja das
Wort. „Er schläft nämlich gerne aus."

„Und Putzen mag er gar nicht", fügte Fini hinzu.

„Ausschlafen? Auf gar keinen Fall!", antwortete Mela. „Alle Geister
stehen hier zur selben Zeit auf. Und drei Wurmklopfer nach
Sonnenuntergang ist Schlafen angesagt."

„Keine Märchen?", rief Fini erschrocken aus. „Kein Vorlesen? Kein
Spielen?"

Mela lachte und schüttelte den Kopf. „Wozu soll das gut sein?
Nach der Arbeit sind wir alle müde. Da bleibt keine Zeit mehr
für Märchen." Sie wandte sich wieder an Tomti. „Du kannst auch
als Wurmzähler arbeiten. Jeder einzelne Apfel muss auf Würmer
abgeklopft werden, es darf nämlich nur eine bestimmte Anzahl

wurmstichiger Äpfel pro Baum geben. Wenn es zu viele Würmer sind, zupfst du sie aus den Äpfeln heraus. Ich gebe dir ein Blatt, auf dem du alle Zahlen einträgst, und dann rechnest du aus, wie viele Äpfel ..."

„Rechnen?", rief Tomti entsetzt.

„Du hättest in meiner Mathestunde besser aufpassen sollen", raunte Maja Tomti zu. Tomti fand das gar nicht lustig, er wurde nur ganz blass.

„Am besten, du fängst gleich an", schlug Mela Apfelrot fröhlich vor. „Hopp, hopp! Holen wir dir eine Liste. Bis zum Sonnenuntergang muss sie abgearbeitet sein." Sie nahm Tomti am Arm, doch er riss sich los und flüchtete zu Maja.

„Ich will keine Würmer zupfen", flüsterte er. „Und auch nicht früh aufstehen." Er schluckte und sah Maja aus großen Augen an. Und dann sagte er etwas Erstaunliches: „Ich will mit euch nach Hause fahren!"

Kapitel 26: Ein richtig schöner Sommer

Das Gute war, dass Tomtis grüne Punkte am Hals dank Hollas Heilungszauber nicht mehr juckten, obwohl er wieder in der Zimmerpalme wohnte. Dafür bekam er harmlose grüne Sommersprossen. Als er das erste Mal nach drei Wochen Erholungsschlaf wieder aus der Pflanze kroch, waren seine Nase und seine Wangen bereits über und über gesprenkelt. Konrad, dessen Heuschnupfen völlig verschwunden war, lachte und zog Tomti als „grünes Fleckenzebra" auf. Fini malte Mopsi sofort grüne Sprenkel ins Plüschgesicht.

Inzwischen hatten die Sommerferien angefangen und Tomti begleitete Konrad und Maja unsichtbar auf die Ferienfreizeit im Jugendhaus. Sie spielten zusammen Pingpong, schauten Filme und fuhren in den Hinterhöfen Skateboard. Sie besuchten die Eichhörnchen auf dem Spielplatz und picknickten unter den Zitterpappeln hinter der Turnhalle.

Inzwischen konnte Fini auch ein paar Worte in der Eichhörnchensprache pfeifen. Sobald sie rief, kam Goldauge angeflitzt und schmiegte sich in ihre Armbeuge.

„Unsere Kleine blüht ja richtig auf!", hörte Maja ihre Mutter einmal sagen. „So fröhlich und selbstbewusst habe ich Fini noch nie erlebt."

„Siehst du, es tut ihr gut, selbstständiger zu werden", erwiderte Papa. „Ihre Erzieherin im Kindergarten sagt, sie ist gar nicht mehr schüchtern. Und als ich neulich mit ihr beim Eisessen war, hat Fini einfach so mit fremden Kindern geplaudert und ihnen erklärt, wie die Bäume vor der Eisdiele heißen."

Maja lächelte in sich hinein. Ja, Fini hatte sich verändert. Und Maja wusste auch, warum: Da gab es jemanden, der Fini brauchte und der noch kleiner und ängstlicher war als sie selbst.

„Wir haben zwei Überraschungen für euch", sagte Mama am Ende der Sommerferien. „Erstens: Wir werden bald in eine größere Wohnung ziehen. Sie ist sogar in unserem Hochhaus – im zehnten Stock."

„Hurra!", freute sich Fini. „Dann haben Nelly und Nelson endlich Platz zum Fliegen!"

Papa nickte lächelnd. „Und da ihr beide solche Baumfans geworden seid, dachten wir, wir feiern in ein paar Wochen Finis sechsten Geburtstag dort, wo es die meisten Bäume gibt: im Wald!"

Die knurrige Kastanie

Kapitel 27: Konrads großer Tag

Endlich waren alle Picknickkörbe gepackt. Und nach einem Geburtstagsfrühstück und vielen Glückwünschen für Fini ging es los. Mit dem Bus fuhren sie eine Stunde, dann mussten sie noch ein Stück wandern. Aber als der Wald in Sicht kam, war alle Anstrengung vergessen. „So viele Bäume!", sagte Fini eingeschüchtert.

Auch Maja und Konrad waren beeindruckt. Der Wald schien zu glühen, denn an vielen Bäumen leuchtete schon herbstlich rotes, goldenes und orangebraunes Laub.

Sie machten es sich zwischen anderen Familien auf einem großen Grillplatz mitten auf einer Lichtung gemütlich.

„Dieser Teil des Waldes ist ein Wildpark", erklärte Papa. „Hinten in den Gehegen kann man zahme Rehe beobachten."

„Da will ich hin", sagte Fini natürlich sofort.

„Wir wollen aber erst grillen", wandte Mama ein und begann, den Rucksack auszupacken. Doch Tomti war so hibbelig, dass Maja sagte: „Wir schauen nur kurz, wo das Gehege ist, und sind gleich wieder da."

Tomti rannte voraus. Als Konrad, Fini und Maja ihn einholten, stand er schon an einem Maschendrahtzaun und starrte sehnsüchtig zu einem majestätischen großen Baum mit siebenfingrigen Blättern.

„Ein Kastanienbaum", stellte Fini sofort fest. Sie deutete auf die glänzenden braunen Kugeln, die auf dem Boden lagen. „Im Kindergarten haben wir mal aus Kastanien Tiere mit Streichholzbeinen gebastelt."

„Komisch, kein Borkenklopfer da", wunderte sich Tomti. „Kommt, wir schauen selber nach!"

„Sollen wir über den Zaun klettern?", fragte Konrad.

Tomti schüttelte den Kopf. „Wir nehmen Anlauf und springen, während ich die Zauberformel spreche. Dann sind wir klein genug, um durch die Maschen des Zaunes zu hüpfen."

„Du meinst, das klappt?", fragte Maja zweifelnd, aber da begann der Baumgeist schon zu zählen.

„Eins, zwei, drei ... los!", rief er.

Beherzt nahmen sie Anlauf, sprangen ...

... und schlitterten auf einen spiegelglatt polierten Holzboden.
Konrad bremste gerade noch rechtzeitig, bevor er in eine
furchterregende Gestalt rasseln konnte.

„Ein Stachelmonster!", kreischte Fini.

„Keine Angst", keuchte Tomti. „Das ist nur ein Kleid aus Kastanien-
schalen ..."

„Wer trägt hier ein Kleid?", donnerte es unter den Stachelschalen
hervor. „Das ist eine Rüstung, du grüne Knospennase!"
Mit diesen Worten hob die Gestalt die stacheligen Arme und
zog sich den ebenso stacheligen grünbraunen Helm vom Kopf.
Zum Vorschein kam ein grimmiges Gesicht. Es war umrahmt
von rotbraunem Haar, das seidig glänzte. Noch viel schöner aber
war der flauschige Bart. „Knut von Kastanius", stellte sich der
Baumgeist ziemlich knurrig vor. „Und was suchen vier kleine
Grünlinge wie ihr in meiner Festung?"

„Cool, der spricht ja wie ein Ritter!", flüsterte Konrad Maja zu.
Maja schaute sich scheu um. Die Wohnung erinnerte tatsächlich
an einen Rittersaal. Es gab sogar einen Thron aus Zweigen.

„Ha... hallo, Knut", stotterte der kleine Baumgeist. „Ich bin Tomti.
Wir wollten nicht stören und gehen auch gleich wieder ..."

„Deinen Grünsprossen nach zu urteilen, brauchst du eine neue
Wohnung", knurrte Knut. „Aber glaubst du wirklich, du bist stark
und mutig genug, um in einer Kastanie zu leben?"
Tomti schluckte. „Ähm, keine Ahnung. Muss man dafür mutig
sein?"

„Dahinten sind ja noch mehr Rüstungen!", rief Konrad begeistert aus und rannte in die Ecke. Dort waren weitere Stachelpanzer wie Ritterrüstungen in einer Burg aufgestellt. „Darf ich einen Helm aufsetzen?", fragte Konrad.

Knut begann, dröhnend zu lachen. „Na, das ist doch mal ein mutiger Junge! Komm, wir suchen dir eine passende Rüstung."

„Au ja!" Konrad begann zu strahlen.

„Ich will auch eine Rüstung!", rief Fini sofort. Knut beugte vor ihr das Knie, damit sie nicht so weit zu ihm hochschauen musste.

„Für eine Rüstung bist du noch etwas zu klein." Seine Augen leuchteten warm und freundlich.

Und Maja staunte nicht schlecht, als ihre Schwester die Hand ausstreckte und andächtig Knuts Kopf streichelte. „Oh, hast du aber schönes weiches Haar!"

Tomti verschränkte schmollend die Arme. „Ich habe viel schöneres Haar", murmelte er.

„Ich verwende ja auch nur das allerfeinste Kastanienshampoo", erklärte Knut. „Das koche ich mir übrigens selbst."

Fini machte große Augen. „Shampoo aus Kastanien?"

Knut lachte. „Man kann noch viel mehr mit Kastanien anstellen: Esskastanien kann man zu Mehl zermahlen – vorher natürlich die Schalen entfernen – und köstliches Brot damit backen! Oder Kuchen! Aber jetzt suchen wir erst mal eine Rüstung für meinen mutigen Freund!"

Es war komisch, Konrad als Kastanienritter zu sehen. „Du siehst viel größer aus", sagte Maja ehrfürchtig. „Und irgendwie ... echt gefährlich."

„Wirklich?" Konrad wurde ganz rot vor Freude und setzte sich auch noch den Helm auf.

„Ich finde, er sieht aus wie ein klapperndes Kastaniengespenst", grummelte Tomti. Maja hatte den Eindruck, dass er plötzlich noch viel grüner im Gesicht war.

„Jetzt fehlen nur noch die Piken." Knut reichte Konrad einen Stock, der sich oben zu drei fies aussehenden Spitzen gabelte.

„Ein Dreizack", stellte Konrad fest. „Wozu brauchen wir den?"
„Wozu?" Knut setzte sich seinen Helm auf. „Das werdet ihr gleich sehen!"

In diesem Moment drang von draußen ein Rumpeln und Grunzen in den Baum. „Alle mitkommen!", befahl Knut und schnippte mit den Fingern. Im nächsten Augenblick fanden sie sich alle draußen auf einem niedrigen Ast wieder, der breit und flach wie eine Brücke direkt über dem Wurzelwerk des Baumes wippte. „Er hat uns gar nicht wieder großgezaubert!", rief Maja aus. Und dann wurde ihr wirklich angst und bange. „Das ist ja gar kein Rehgehege!"
„Nein", sagte Konrad erstaunlich unerschrocken, „das sind Wildschweine!"

Eine ganze Horde des Borstenviehs war herangestürmt und machte sich mit gierigem Geschmatze über die Kastanien her. Ein Eber galoppierte zum Baum, begann, sich am Stamm zu schubbern, und kratzte mit seinen Hauern daran herum, dass die Borkenbrocken nur so flogen.

„Auf ihn mit Gebrüll!", befahl Knut und hob seine Lanze. Er sprang vom Ast und landete auf dem borstigen Rücken des Ebers. „Worauf wartest du?", rief er Konrad zu. Und Konrad – sprang!

Fini schrie erschrocken auf, als das Schwein einen Hopser machte und Konrad von seinem Rücken beförderte. So klein, wie Konrad nun war, wirkte es, als würde er vom Rücken eines Elefanten rutschen. Aber er landete weich in einem Laubhaufen. Sofort sprang er wieder auf die Beine und ging rennend zum Angriff über.

„Oiiiink!", quiekte das Schwein überrascht, als Konrad es kräftig mit der Pike stupste.

„Gut gemacht!", rief Knut und sprang ab.

Und Maja und Fini schauten mit offenen Mündern zu, wie Knut und Konrad noch zwei weitere Schweine mit flinken Stößen ihrer Waffen vom Baum wegtrieben.

Unter Grunzen und Protest trollten sich die Schweine schließlich.

„Die nennen Konrad und Knut ,blöde Baumpikser'!", übersetzte Fini kichernd.

Knut nahm den Helm ab. „Seht ihr, dafür braucht man die Rüstung! Wildschweine sind freche Rüpel – der große Eber liebt es, seine Hauer am Baum zu wetzen. Sie sind so scharf, dass er sogar die harte Kastanienborke damit aufreißen kann. Und wenn das passiert, haben wir ein Problem. Die Rinde darf nicht verletzt werden, sie ist die Haut des Baumes. Wenn die Rinde eine Wunde hat, können Käfer oder Pilze in den Baum eindringen und der Baum kann daran sterben."

„Das war toll!" Konrad hatte seinen Helm abgenommen. Seine Wangen waren ganz rot und seine Augen leuchteten immer noch vor Abenteuerlust.

„Du hast tapfer gekämpft!", sagte Knut.

„Konrad ist der Tapferste von allen!", rief Fini.

„Pf. Mit Rüstung kann das doch jeder", grummelte Tomti, aber so leise, dass nur Maja es hörte. Sie musste sich ein Grinsen verkneifen. Tomti war nun grasgrün vor Eifersucht.

„Komm, Tomti", sagte Konrad. „Wir suchen dir eine Kastanie, die nicht bewohnt ist."

„Ich will aber keine strubbeligen Schubberschweine schubsen!", platzte es aus Tomti heraus.

Knut schien gar nicht beleidigt zu sein. „Ach so? Na, dann weiß ich, welcher Baum zu dir passt. Kommt mit!"

Es war ein komisches Gefühl, in Mini-Größe durch den Wildpark zu wandern. Die Herbstblätter auf dem Boden waren groß wie Zelte und die Kastanien erinnerten an braune Felsen.

Vor einem Baum mit zerklüfteter dicker Rinde blieb Knut stehen. „Diese Eiche hier ist noch frei. Zwar fressen Schweine am liebsten die Eicheln, die vom Baum fallen, aber Eichen haben das härteste Holz, das man sich denken kann. Ihrer Borke kann auch der wildeste Eber kaum etwas anhaben. Hier musst du dich nur um die Fledermäuse kümmern, Tomti, die schlafen am liebsten auf Eichen. Und im Herbst musst du den Boden nach Bucheckern absuchen und sie aufsammeln, bevor ein Eichelhäher sie findet und sie als Wintervorrat im Boden vergräbt. So verhindert man, dass Buchen neben der Eiche wachsen." Er beugte sich zu Fini hinunter und erklärte: „Buchen sind nämlich das Einzige, was eine Eiche fürchten muss."

„Wieso? Wie können die denn einer riesigen Eiche gefährlich werden?", wunderte sich Konrad.

„Indem sie sehr schnell groß werden", erklärte Knut. „Irgendwann wachsen sie einfach durch die Krone der Eiche hindurch und nehmen ihr das Licht weg. Und da sie in der Zwischenzeit ja auch Früchte tragen – das sind die Bucheckern –, ist die Eiche irgendwann von lauter Buchen umzingelt und geht eines Tages einfach unter."

„Oh", sagte Fini betroffen. „Dann musst du bitte wirklich jeden Tag alle Eckern aufsammeln, Tomti."

„Sehe ich aus wie ein Eckernputzer?", schnappte Tomti. „Nein, eine Eiche passt überhaupt nicht zu mir. Außerdem weiß jeder, dass Fledermäuse sich vor dem Einschlafen ganz schlechte Witze erzählen und ständig etwas fallen lassen, das dann unter dem Baum liegt und müffelt." Er schüttelte den Kopf. „Kaksi Pataksi, ich will aber eine duftende Wohnung!" Damit stapfte er davon.

Knut lachte. „Geht ihm nach, Kinder! Wenn ihr durch den Zaun seid, zaubere ich euch wieder groß." Er zwinkerte Maja zu. „Irgendwie habe ich das Gefühl, euer kleiner grüner Gast sucht Ausreden, um nicht hier im Wald bleiben zu müssen." Und komischerweise hatte Maja sich gerade genau dasselbe gedacht.

„Da seid ihr ja endlich!", rief Majas Mutter ihnen entgegen, als sie zurück zum Picknickplatz kamen.

„Wir haben euch schon die ganze Zeit gesucht", schimpfte Papa. „Habt ihr uns nicht gehört?"

„Nein", sagte Konrad und zupfte sich lässig eine Schweineborste vom Pullover. Maja wunderte sich. Auch ohne Rüstung sah Konrad jetzt irgendwie – größer und aufrechter aus. So, als hätte das Abenteuer von eben ihn ein ganzes Stück wachsen lassen.

Majas Vater schnupperte. „Es riecht hier doch irgendwie nach Tier. Und ihr seid alle ganz verstrubbelt und voller Laub. Was habt ihr nur gemacht? Wildschweine gejagt?"
Maja und Konrad konnten einfach nicht anders, sie lachten laut los. Fini aber trat vor und hielt ihrem Vater mit unschuldiger Miene eine Handvoll Kastanien hin. „Nö", sagte sie. „Wir haben nur Kastanien gesammelt. Für Shampoo!"

Die tolle Tanne

Kapitel 28: Es rumst gewaltig!

Es wurde noch ein richtig toller Waldgeburtstag. Denn sobald sie die Picknickdecken ausgebreitet hatten, kamen plötzlich sechs Wildkaninchen aus dem Wald gehoppelt. „Nicht bewegen, Kinder!", flüsterte Mama. „Kaninchen sind scheu." Aber die Kaninchen hielten genau auf Fini zu und fegten mehrmals ganz dicht um sie herum. Als sie wieder im Wald verschwanden, stieß Fini Maja leicht in die Seite und flüsterte. „Die haben mir eben zum Geburtstag gratuliert!"
Tomti, der für Mama und Papa natürlich unsichtbar war, strahlte. „Das ist ja wohl das Mindeste, wenn meine beste kleine Freundin sechs Jahre alt wird!"

Nach dem Essen besuchten sie das Rehgehege, sie spielten Fangen und Verstecken. Die Sonne warf schon lange Schatten, als Maja auf der Suche nach Tomti auf einer Lichtung landete.

Rings um sie herum standen Nadelbäume. Maja erkannte Kiefern mit ihren rötlichen, schlangenschuppigen Stämmen und den weichen Nadelbüscheln. Aber auch eine große dunkelgrüne Tanne mit ausladenden Ästen stand dort. Sie duftete nach Hustenbonbons und Harz.

Doch von Tomti keine Spur. Gerade wollte Maja zurückrennen, als der Baumgeist plötzlich aus einem Gebüsch brach und kichernd in Richtung der Tanne rannte, dicht verfolgt von Konrad. „Gib auf, ich hab dich gesehen!", schrie Konrad. Tomti sah sich im Rennen nur kurz nach ihm um.

„Vorsicht!", rief Maja noch. Aber es war zu spät. Mit einem „Bonk!" prallte Tomti mit der Stirn gegen einen niedrigen Ast und kippte einfach um.

„Oh nein!" Konrad war mit einem Satz bei seinem kleinen Freund. Auch Maja stürzte zu ihm. Und nun erschien auch Fini völlig atemlos auf der Lichtung.

Tomti setzte sich benommen auf und rieb sich verwirrt die Stirn.

„Tut es sehr weh?", fragte Fini mitfühlend.

„Tannson!", stieß Tomti hervor.

„Hä?", fragten Maja und Konrad.

Aber Tomti starrte nur ungläubig zur Tanne hoch. Und mit einem Mal hellte sich seine Miene auf. „Tannson!", wiederholte er aufgeregt und lachte. „Ich heiße Tannson, Tomti Tannson. Jetzt weiß ich wieder alles: Mein Stammbaum war eine Tanne!"

Er sprang auf. „Sie wuchs in einem wunderbaren nordischen Wald. Aber mitten im Winter wurde sie gefällt. Das war der Rums, der mich aus dem Winterschlaf geweckt hat. Als ich wieder zu mir kam, stand die Tanne mitten in eurer Menschenstadt, auf einem grauen Platz zwischen lauter Hochhäusern."

„Vielleicht auf dem Rathausplatz", kombinierte Konrad. „Dort stellen sie jedes Jahr einen großen Weihnachtsbaum auf."

Maja traute ihren Augen kaum: Während Tomti sprach, begannen seine grünen Tupfen einfach zu verschwinden. Weil die Tanne ihn heilt, dachte sie. Plötzlich passte alles zusammen.

„Alles war hell beleuchtet und hat geblinkt und ich hatte furchtbare Angst", sprudelte der Baumgeist weiter. „Mein Kopf tat immer noch weh und mir war schwindelig und schlecht. Und plötzlich ging eine schreckliche Knallerei los und es hat überall geblitzt und alles war voller Rauch! Ich habe gedacht, die Tanne brennt, und bin vor Schreck hinausgesprungen. Dann bin ich über den Platz in irgendein Gebäude geflüchtet und habe mich in der Palme versteckt. Ich wurde ohnmächtig. Als ich wieder aufwachte ... war ich bei euch."

„Die Knallerei, das muss das Silvesterfeuerwerk gewesen sein", überlegte Maja. „Du bist über den Rathausplatz gerannt und in Papas Büro geschlüpft. Vielleicht war ein Fenster offen. Ein paar Wochen später hat Papa die Palme mit nach Hause genommen."

„Dann bist du also doch ein Zapfenschubser", stellte Konrad mit reichlich schiefem Lächeln fest. Tomti nickte ganz zaghaft. Aber seine Augen leuchteten so hell und lebendig, dass man richtig sah, wie glücklich er war. Ein winziger grünlich goldener Vogel mit einem gelben Flämmchenfleck auf dem Kopf flatterte herbei.

„Hallo, Wintergoldhähnchen", begrüßte Tomti ihn. Maja hörte nur, wie sich der Vogel mit Tomti mit singenden „Sisisis"-Lauten verständigte.

„Die Tanne ist unbewohnt", übersetzte Fini. „Das Goldhähnchen sagt, sie ist luftig und ruhig, sauber und gemütlich."

„Sie zittert und bebt auch nicht", setzte Konrad hinzu.

„Dann passt ja endlich alles", sagte Maja leise. Doch statt sich zu freuen, hatte sie plötzlich einen dicken Kloß im Hals.

„Ja", antwortete Tomti. „Das ist wirklich eine tolle Tanne."

Dann herrschte betretenes Schweigen. Denn alle dachten das Gleiche: Tomti hatte seinen Baum gefunden. Den einzigen Baum, der zu ihm passte. Es war Zeit, Abschied zu nehmen.

Fini versuchte, tapfer zu sein, aber trotzdem kamen ihr die Tränen. Maja und Konrad gaben sich zwar große Mühe, Tomti den Abschied nicht noch schwerer zu machen, aber schließlich mussten auch sie ein bisschen weinen. Alle drei umarmten sie den kleinen Baumgeist ganz lange und fest zum Abschied.

„Ich danke euch so sehr!", sagte Tomti aus vollem Herzen, doch seine Stimme zitterte verdächtig.

„Wir besuchen dich bald", versprach Maja ihm.

Tomti wollte noch etwas sagen. Aber dann verschwand er plötzlich. Maja verstand, warum: Ihre Eltern waren auf die Lichtung getreten. „Beeilt euch, Kinder!", riefen sie. „Wir sind spät dran für den Bus."
Sie konnten sich überhaupt nicht erklären, warum Maja und Konrad nach diesem schönen Tag die Köpfe hängen ließen und das Geburtstagskind Fini die ganze Busfahrt über in Mopsis Plüschfell schluchzte.

Die zarte Zaubernuss

Kapitel 29: Zwei neue Zimmer

Zu Hause suchte Mama ein Rezept im Internet und kochte aus Finis Kastanien ein milchiges Shampoo. Majas und Finis Haare glänzten nach dem Waschen genauso seidig wie die von Knut. Aber ohne Tomti machte das Ganze keinen rechten Spaß.

Sogar Nelly und Nelson wirkten bedrückt und twitscherten nicht mehr so viel. Der magische Mäuseknochen funktionierte ohne Tomti zwar nicht mehr, aber auch so sah Maja, wie sehr der kleine Baumgeist den beiden Sittichen fehlte.

Fini, die Goldauge oft auf dem Spielplatz besuchte, warf sich beim Nachhausekommen schmollend auf ihr Bett und sagte: „Mit Tomti wäre es viel schöner gewesen!"

„Nicht traurig sein, Fini", tröstete Maja sie. „Jetzt hat Tomti endlich seine passende Wohnung! Und wir ziehen ja demnächst auch um. Dann hat jede von uns ein Zimmer für sich allein."

Fini nickte zögerlich. Sie brauchte wirklich Platz für ihre vielen Zeichnungen. Und seit Maja in der Hockeymannschaft der Schule trainierte, türmten sich ihre Sportsachen in der Zimmerecke. Konrad war seit dem Wildschweinkampf irgendwie anders geworden. Furchtlos und mit Feuereifer spielte er nun in Majas Mannschaft ebenfalls Hockey, trug eine neue Sportbrille, und wer sich traute, ihn auf dem Pausenhof zu ärgern, musste ziemlich schnell rennen können.

Im Spätherbst zogen Maja und Fini mit ihren Eltern in die neue Wohnung im zehnten Stock. Im Arbeitszimmer stand nun eine große Vogelvoliere – tagsüber konnten Nelly und Nelson frei herumfliegen und schlüpften nur noch nachts in den Käfig. Fini tapezierte ihr Zimmer mit ihren Zeichnungen. Maja strich ihres lindgrün. Vom Balkon aus konnte man nun weit schauen, sogar der Spielplatz mit den drei Haselsträuchern war zu sehen. Von hier oben betrachtet sah es wunderschön aus, als der erste Schnee fiel und sich wie eine Puderzuckerschicht über die Stadt legte. Ja, es war alles ganz wunderbar.

Aber wenn Maja abends in ihrem großen grünen Zimmer lag, fühlte sie sich so einsam wie die Platane auf der Verkehrsinsel. Zum Glück tapste Fini Nacht für Nacht heimlich in Majas Zimmer und kroch zu ihr ins Bett.

„Glaubst du, Tomti vermisst uns jetzt gerade?", fragte sie.

„Er kann uns nicht vermissen", antwortete Maja. „Baumgeister halten doch zusammen mit ihren Bäumen Winterschlaf."

„Oh, stimmt ja", murmelte Fini. „Aber er träumt bestimmt gerade von uns, oder?"

Maja musste schlucken, so traurig war sie plötzlich. „Klar", flüsterte sie. „Und im Frühjahr fahren wir in den Wald und besuchen ihn."

Leider war es bis zum Frühling noch lange hin. Jetzt stand erst einmal Weihnachten vor der Tür. Überall blinkten schon Sterne in den Fenstern und im Radio dudelten Weihnachtslieder. „*O Tannsonbaum, o Tannsonbaum ...*", sang Fini lauthals mit.

Und dann rumpelte Mama eine Woche vor Weihnachten morgens in der Küche auf einmal gegen eine offene Schublade. „Hoppla", wunderte sie sich. „Die hat wohl gestern jemand offen gelassen."

Am Morgen darauf waren auf dem Boden ein paar Walnüsse verstreut. Und als mitten in der Nacht etwas leise schepperte, schoss Maja im Bett hoch und schlich aus ihrem Zimmer, ohne Fini zu wecken.

In der Küche war es dunkel, aber sie hörte ganz deutlich leises Löffelklappern.

Und als sie das Licht anmachte, hätte sie fast einen Freudenschrei ausgestoßen: Auf dem Kühlschrank saß im Schneidersitz Tomti! In der linken Hand hielt er ein Glas süßer Kastaniencreme, in der rechten einen Löffel, den er gerade genüsslich abschleckte.

„Hallo", sagte er und grinste breit. „Bin wieder da."

Fini fiel fast aus dem Bett, als Maja und Tomti sie weckten.
„Tomti!", schrie sie und schoss hoch.
„Pssst! Nicht so laut!", sagten Tomti und Maja gleichzeitig. Aber da hatte Fini schon lachend die Arme um Tomtis Hals geschlungen und drückte ihn ganz fest.
„Uff!", japste der kleine Baumgeist. „Ich bin doch keine Pampelmuse!"
„Warum bist du nicht in deiner Tanne?", flüsterte Fini, zitternd vor Aufregung.
Tomti machte sich los und zuckte mit den Schultern. „Ich konnte nicht schlafen. Habe mich einsam gefühlt, obwohl ich im Wald war. Seltsam, oder?"

Maja lächelte. „So seltsam finde ich das gar nicht."

Tomti kicherte leise. „Jedenfalls dachte ich mir: Lieber hause ich in einer kleinen ollen Zimmerpalme und bin ein grünes Fleckenzebra, als ohne euch in einer tollen Tanne zu leben."

Kapitel 30: Ein Baum für Tomti

Als Konrad am nächsten Morgen die Neuigkeit erfuhr, fiel ihm fast das Telefon aus der Hand. Und kaum waren sie zu dritt auf dem Weg zu ihm, kam er ihnen auf der verschneiten Straße schon entgegengerannt. Sicher wunderten sich die Leute über die drei Kinder, die johlend wie verrückt auf dem Gehweg herumtanzten, als würden sie einen Unsichtbaren begrüßen.

„Gehen wir zum Spielplatz", schlug Konrad vor. „Unser Winterschnarchzapfen Tomti hat ja noch nie einen Schneemann gebaut."

Auch auf dem Spielplatz lag eine dicke weiße Schneedecke. Die Wintersonne kam hervor und ließ das Weiß glitzern.

„Wo wohl Goldauge den Winter verdöst?", überlegte Fini. Doch plötzlich stutzte sie. „Huch! Schaut mal, der kleine Haselstrauch blüht ja!"

Maja und Konrad trauten ihren Augen kaum. Der kleinste der drei Sträucher, den Tomti im Frühling als „unscheinbar" und „langweilig" bezeichnet hatte, trug tatsächlich mitten im Schnee sonnengelbe zarte Blüten, die sogar dufteten!

„Haselsträucher blühen doch ganz anders!", platzte Tomti heraus. „Und bestimmt nicht im Winter!"

„Das ist doch kein Haselstrauch, Dummling. Der sieht nur so ähnlich aus!", hörte Maja, die heute den Mäuseknochen trug, ein freches Vogelstimmchen sagen. Ein Spatz landete vor ihrer Nase auf einem Ast und plusterte sich auf. „Dieser Strauch heißt Zaubernuss", tschilpte er. „Er hält keinen Winterschlaf, oft treibt er schon im Dezember erste Blüten."

„Zaubernuss", wiederholte Tomti mit leuchtenden Augen. „Wohnt da drin ein Baumgeist?"

„I wo!", spottete der Spatz. „So eine Mini-Wohnung will doch keiner haben. Und tagsüber das ganze Kindergeschrei …"

Weiter kam er nicht, denn Tomti hatte schon die Zauberformel gerufen. Zu viert landeten sie in einer wirklich sehr kleinen Baumwohnung. Aber eigentlich war sie ganz hübsch, fand Maja.

„Schaut mal, der Boden ist genauso gelb wie die Blüten!", rief Fini begeistert.

„Und es passen immerhin ein Bett und ein paar Sitzhocker hinein", ergänzte Konrad. „Nur mit dem Kindergeschrei hat der Spatz wahrscheinlich recht. Es war dir doch so wichtig, dass deine Wohnung ruhig …"

„Ach, Kaksi Pataksi!", rief Tomti fröhlich aus. „Die Wohnung passt gut zu mir. Hauptsache, sie zittert nicht wie eine Pappel. Langweilig wird es hier drin auch nicht: Ich passe auf, dass nicht irgendwelche fiesen Trolle die Kinder beim Spielen stören. Und ich schubse immer die Bälle runter, die in den Ästen landen."
Konrad grinste. „Dann bist du also kein Zapfenschubser mehr, sondern ein Ballschubser?"
Fini jubelte los. „Hier können wir dich jeden Tag besuchen!"
„Das stimmt", sagte Maja mit einem Lächeln. „Vom Balkon unserer neuen Wohnung können wir dir abends sogar Lichtzeichen geben. So bist du nie allein. Weil deine Freunde immer in deiner Nähe sind."
Tomtis Wangen glühten vor Freude ganz rot und seine Augen funkelten. Und Maja hatte das sichere Gefühl, dass er nie wieder grüne Flecken und Sommersprossen bekommen würde.

ENDE

Majas kleine Baumschule

Ahorn

Es gibt Arten wie Spitzahorn, Zimtahorn und Silberahorn. Für Geigen verwendet man das Holz des Bergahorns. Und aus dem Baumsaft des nordamerikanischen Zuckerahorns wird Ahornsirup gemacht.

Apfelbäume

Sie gehören zu den Rosengewächsen. In einem normalen Supermarkt findest du vielleicht fünf bis sieben verschiedene Apfelsorten – auf der ganzen Welt aber gibt es über 30.000 und jede schmeckt anders! Ganz alte Sorten wachsen meist nur noch auf Streuobstwiesen und haben oft witzige Namen wie „Rheinische Schafsnase" oder „Schmalzprinz". Die „Rote Sternrenette" wird auch „Weihnachtsapfel" genannt. Er hat ein Sternenmuster auf der Schale und wurde früher deshalb als Schmuck an den Weihnachtsbaum gehängt.

Birken

Aus Birken stellt man Papier und duftendes Hautöl her. In Finnland ist es Brauch, den Baumsaft abzuzapfen und dieses „Birkenwasser" zu trinken. Aus der Rinde wird zudem Birkenzucker namens Xylit gemacht. Süßigkeiten mit Xylit sind sogar gut für die Zähne!

Buchen

Ihre silbrige dünne Rinde bleibt bis ins hohe Alter von 200 Jahren ganz glatt. Die Blutbuche hat rote Blätter, die Rotbuche dagegen ganz normale grüne. Die Hainbuche heißt zwar auch Buche, gehört aber zur Familie der Birken!

Douglasien

Sie stammen aus Nordamerika. Gebirgsdouglasien haben blaugrüne Nadeln. Zerreibt man die Nadeln der Küstendouglasie, duften sie leicht nach Orangen und Weihnachtsgewürzen!

Eiben

Eiben werden nicht sehr groß, aber uralt – über 1000 Jahre! Ihre Samen sind von einem hübschen roten Mantel umgeben. Samen und auch Nadeln sind giftig – aber das Gift ist auch nützlich, es wird nämlich zur Herstellung von Medizin verwendet.

Eichen

Eichen können auch über 1000 Jahre alt werden. Aus dem harten Holz wurden seit jeher Fässer gezimmert und früher auch Schiffe gebaut. Aus den Baumfrüchten, den Eicheln, können zum Beispiel Eichelmehl zum Backen und auch Kaffee-Ersatz hergestellt werden.

Erlen

Alle Erlenarten lieben Wasser. Junge Schwarzerlen erkennt man an der noch glatten dunklen Rinde mit weißen Punkten. Erlenholz wird unter anderem zum Bau von Streich- und Zupfinstrumenten verwendet. Holz leitet nämlich Schall sehr gut!

Eschen

Eschen werden bis zu 40 Meter hoch, ihre Blätter sind zu gefiederten Wedeln angeordnet. Weil ihr Holz ziemlich elastisch ist, macht man daraus Sportgeräte wie zum Beispiel Barren.

Fichten

Aus dem Holz dieser Nadelbäume werden Möbel und Papier hergestellt. Es wird auch zum Bauen und als Brennholz verwendet. Was wir Tomti aber besser nicht erzählen!

Ginkgo

Sein Name kommt aus dem Chinesischen und bedeutet „Silberaprikose" und so ähnlich sehen die silbrigen, kugeligen Samenhüllen der Urzeitpflanze auch aus. In Japan sind geröstete und gesalzene Ginkgo-Samen eine beliebte Knabberei. Und früher haben sie sicher auch den Dinosauriern gut geschmeckt.

Hasel

Alle Haselarten tragen Nüsse. Bei uns wächst vor allem die „Gemeine Hasel". Die größten Haselnüsse stammen aber von der Türkischen Hasel. Sie werden für Haselnusscreme, Plätzchen und Kuchen verwendet.

Holunder

Der Rote Holunder hat gelbe Blüten und orangerote Beeren, der Schwarze Holunder hat weiße Blüten und trägt im Herbst schwarzlila Früchte. Roh darf man diese „Fliederbeeren" aber nicht essen, erst durch Kochen werden sie genießbar und zu leckerem Sirup, süßem Gelee oder supergesundem Saft verarbeitet: „Hollersaft" ist eine echte Vitamin-C-Bombe!

Kastanien

Die Samen der Rosskastanie sind Wildfutter. Die Samen der Edelkastanie hingegen schmecken auch Menschen gut: Sie heißen Esskastanien und Maronen. Lecker: süßes Kastanienmus!

Kiefern

Es gibt über 20 verschiedene Arten. Die Waldkiefer heißt auch Föhre. Aus den Nadeln und Trieben der Latschenkiefer gewinnt man Öl für Erkältungsbäder und Hustenbonbons und in Betten, die aus duftender Zirbelkiefer gezimmert sind, schläft man besonders tief.

Linden

Die Sommerlinde kann über 1000 Jahre alt werden. Aus den Blüten der Linde kann man köstlichen Tee kochen. Sommer-, Winter- und Silberlinden sind Bienenweiden und deshalb für Imker sehr wichtig. Und für alle, die Lindenblütenhonig lieben, so wie Fini!

Pappeln

Pappeln sind mit den Weiden verwandt und halten es gut in der Nähe von Wasser aus. Das Holz der Schwarzpappel wird für die Herstellung von Holzschuhen („Klompen") verwendet. In Holland wird die Pappel deshalb „Klompen-Boom", also: „Holzschuh-Baum", genannt.

Platanen

Es gibt zum Beispiel Ahornblättrige, Morgenländische und Amerikanische Platanen. Achtet auf die borstigen Kugelfrüchte, sie hängen ab Oktober an den Bäumen!

Tannen

Da gibt es viele Arten, darunter Nordmanntannen, Edeltannen, Weißtannen ... Die Riesentanne kann bis zu 70 Meter hoch werden. Zerreibt man die Blätter der Colorado-Tanne, duften sie nach Zitronen! Und dunkler Tannenhonig schmeckt besonders würzig.

Ulmen

Häufige Vertreter sind die Feldulme und die Bergulme. Die Flatterulme kann kräftige, oberirdische „Brettwurzeln" ausbilden. Die Früchte der Ulmen sind winzige Flügelnüsschen, die gut im Wind fliegen. Ulmenholz wird „Rüster" genannt und zu Möbeln und Parkett verarbeitet.

Weiden

Die Gattung der Weiden umfasst rund 500 Arten. Die Äste der Trauerweiden hängen oft bis zum Boden. Die Blätter der Goldenen Trauerweide sind gelblich, lang und schmal. Die Lockenweide und die Korkenzieherweide haben gedrillte und verdrehte Äste, Zweige und Blätter.

Zaubernuss (Hamamelis)

Fast alle Arten blühen im Winter, ab Dezember. Die Blüten sind gelb, orange oder rot. Wegen der Ähnlichkeit zum Haselstrauch wurde die Zaubernuss früher auch „Hexenhasel" genannt. Die reifen Früchte, also die „Zaubernüsse", platzen mit einem Knackgeräusch auf und schleudern die schwarzen Samen bis zu zehn Meter weit!

Was es noch über Bäume zu wissen gibt:

Baum oder Strauch? Ganz einfach: Ein Baum hat einen einzelnen Stamm, ein Strauch mehrere Triebe oder Stämme. Der Holunder ist zwar normalerweise ein Strauch, kann aber auch in Baumform wachsen. Genauso ist es bei den Haseln und vielen anderen Sträuchern. Umgekehrt gilt das genauso: Kiefern, Eiben, Fichten und viele andere Bäume können auch strauchartig wachsen. Bildet ein Baum zwei gleich dicke Stämme aus, nennt man ihn „Zwiesel".

Strauch oder Busch? Das ist gehupft wie gesprungen!

Borke oder Rinde? Junge Bäume haben noch ganz glatte, dünne Rinde, erst mit dem Alter wird sie dicker und bildet als äußerste Rindenschicht eine rissige oder faltige Borke aus. Diese harte Außenschicht schützt den Baum vor Verletzungen und vor dem Austrocknen. Wenn der Baum wächst, wird ihm die Borke zu eng, deshalb wirft er sie ab wie ein altes Kleid und bildet eine neue.

Männlich oder weiblich? Es gibt männliche und weibliche Bäume. Achte auf die Blüten und Früchte: Die Baumfrüchte („Kätzchen") an weiblichen Pappelbäumen sind gelbgrün, an

den männlichen Bäumen sind
die Kätzchen rot. Weidenmänner
tragen gelbe Blüten, Weidenfrauen
dagegen grünliche. Die Kugelfrüchte des Ginkgos
hängen nur an den weiblichen Bäumen.
Aber: Viele Baumarten tragen ihre unterschiedlichen
männlichen und weiblichen Blüten auch am selben Baum, zum
Beispiel die Fichten, Birken und Haseln. Und dann gibt es noch
Bäume, bei denen jede Blüte gleich aussieht und weiblich und
männlich zugleich ist – zum Beispiel Apfelbaumblüten!

Wurzeltelefon! Das Wurzelwerk eines Baums ist doppelt so breit wie die Krone! Bäume verbinden sich an den Wurzeln und tauschen so Nährstoffe, aber auch Nachrichten und Warnungen aus. Dabei helfen auch die dünnen Fäden von Pilzgeflechten: Wie Leitungen verbinden sie die Wurzeln verschiedener Bäume miteinander.

Bäume sind durstig! Ein Baum kann am Tag mühelos bis zu 500 Liter Wasser trinken. Zum Glück funktioniert lockerer Waldboden wie ein Schwamm: So haben die Bäume auch in trockenen Zeiten genug Wasser im Speicher.

© Holger Strehlow

Nina Blazon studierte Germanistik und Slawistik und arbeitete als Journalistin und Texterin, bevor sie Schriftstellerin wurde. Heute schreibt sie Bücher für Kinder, Jugendliche und Erwachsene und liebt es, in ihrer Freizeit lange Wanderungen im Wald zu machen. Wenn sie ein Baumgeist wäre, würde sie am liebsten in einem Walnussbaum leben, weil sie Eichhörnchen mag und Walnusstorte liebt.

© privat

Karin Lindermann studierte Design mit Schwerpunkt Illustration in Münster. Sie arbeitet als Lehrerin und als freie Illustratorin – und sie liebt jede Art von Grünzeug! Wenn sie ein Baumgeist wäre, würde sie am liebsten in einer alten Dorflinde leben, dann wäre um sie herum immer etwas los (und sie hätte von ganz oben eine tolle Aussicht).

Leseprobe aus

Ponyherz – Anni findet ein Pony

von Usch Luhn

Endlich ist Anni am Waldsee. Es ist ein besonders heißer Tag heute. Hier sieht es freundlicher aus und nicht so dunkel wie in den Brombeeren. Warme Sonnenstrahlen tanzen auf den Birkenblättern. Ein paar Mücken taumeln müde über dem Wasser. Es ist still. Selbst die Vögel halten Mittagsschlaf.

Anni taucht ihre Hand in das hellgrüne Nass. Das Wasser ist so klar, dass man sich in seiner Oberfläche spiegeln kann. Nachdenklich betrachtet sich Anni. Wenn ich weiter so grimmig gucke, denkt sie, bekomme ich noch so dicke Runzeln wie Frau Grünklee. Sie schneidet ein paar ulkige Grimassen, um sich selbst zum Lachen zu bringen.

Der Trick funktioniert. Schließlich wiehert Anni so vergnügt wie ein Fohlen.

Schlagartig fallen ihr wieder ihre Pferdezeichnungen ein. Sie schließt die Augen und stellt sich ewig lange vor, wie schön es wäre, jetzt durch das Wasser zu jagen. Wie auf ihrer Zeichnung hält sie sich an der Mähne von Ponyherz fest und lässt sich zusammen mit ihm durch das kühle Wasser treiben.

Plötzlich hört Anni ein leises Wiehern. „Was ist los, Ponyherz?", fragt Anni. „Keine Lust mehr auf Baden?"
Das Wiehern wird lauter. Etwas Weiches, Feuchtes stupst gegen ihren linken Arm und wirft Anni beinahe um.
„Iiiiih! Hör auf, Ponyherz! Das kitzelt ja voll", kichert Anni.
Im selben Augenblick erschrickt sie so sehr, dass sie auf ihren Po plumpst.
Sie reißt die Augen auf und sagt heiser: „Ponyherz!?"
Annis Herz rast wie verrückt.
Direkt vor ihr steht ein Pony und schaut sie wie gebannt aus seinen schönen braunen Augen an. „Bist du Ponyherz?", flüstert Anni und streckt die Hand aus ...

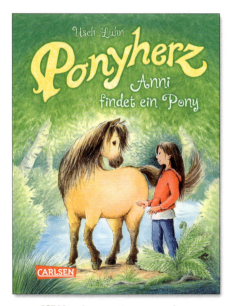

ISBN 978-3-551-65251-5, € 8,99

„Ein Baum für Tomti"
gibt es überall im Buchhandel
und auf www.carlsen.de

„Weiß-Tanne" oder „Weißtanne"?
In den Baumfachbüchern werden die verschiedenen Baumarten meist mit Bindestrich geschrieben. Wir haben uns in diesem Buch jedoch für die gebräuchlichere Zusammenschreibung entschieden.

© Carlsen Verlag, Hamburg 2019
Text: Nina Blazon
Illustration: Karin Lindermann
Lektorat: Claudia Scharf
Umschlaggrafik: Sabine Reddig
Satz und Herstellung: Constanze Hinz
Lithografie: Margit Dittes Media, Hamburg
ISBN 9-783-551-65018-4